As leis morais na atualidade

Christiano Torchi

As leis morais na atualidade

FEB

Copyright © 2012 *by*
FEDERAÇÃO ESPÍRITA BRASILEIRA – FEB

1ª edição – Impressão pequenas tiragens – 2/2023

ISBN 978-85-7328-942-8

Todos os direitos reservados. Nenhuma parte desta publicação pode ser reproduzida, armazenada ou transmitida, total ou parcialmente, por quaisquer métodos ou processos, sem autorização do detentor do *copyright*.

FEDERAÇÃO ESPÍRITA BRASILEIRA – FEB
SGAN 603 – Conjunto F – Avenida L2 Norte
70830-106 – Brasília (DF) – Brasil
www.febeditora.com.br
editorial@febnet.org.br
+55 61 2101 6161

Pedidos de livros à FEB
Comercial
Tel.: (61) 2101 6161 – comercial@febnet.org.br

Dados Internacionais de Catalogação na Publicação (CIP)
(Federação Espírita Brasileira – Biblioteca de Obras Raras)

T676L	Torchi, Christiano, 1954–
	As leis morais na atualidade / Christiano Torchi. – 1. ed. – Impressão pequenas tiragens – Brasília: FEB, 2023.
	152 p.; 23 cm
	ISBN 978-85-7328-942-8
	1. Espiritismo. I. Federação Espírita Brasileira. II. Título.
	CDD 133.9
	CDU 133. 7
	CDE 20.03.00

Sumário

Apresentação 9
Agradecimentos 13
O principal inimigo 15
Introdução 17

Capítulo 1
    Lei divina ou natural 19

Capítulo 2
    Reflexões sobre a moral divina 25

Capítulo 3
    Lei de adoração 31

Capítulo 4
    Lei do trabalho 37

Capítulo 5
    Lei de reprodução 43

Capítulo 6
Casamento e divórcio 49

Capítulo 7
Celibato, monogamia e poligamia 55

Capítulo 8
Relações homoafetivas 61

Capítulo 9
Lei de conservação 67

Capítulo 10
Lei de destruição 73

Capítulo 11
Da guerra à paz 79

Capítulo 12
Reflexões sobre a pena de morte 85

Capítulo 13
Lei de sociedade 91

Capítulo 14
Família — esteio da sociedade 97

Capítulo 15
Lei do progresso 103

Capítulo 16
Lei de igualdade 109

Capítulo 17
A mulher na concepção espírita 115

Capítulo 18
Lei de liberdade 121

Capítulo 19
    Escravidão 127
Capítulo 20
    Lei de justiça, amor e caridade 133
Capítulo 21
    Perfeição moral 139

Conclusão 145
Referências 147

Apresentação

A literatura espírita é rica na temática das leis morais. São inúmeros os títulos publicados por várias editoras em todo o mundo que tratam do assunto.

Porém, o tema é tão vasto e valioso que sempre se poderá falar dessas leis naturais, inesgotáveis em sua fonte de ensinamentos.

Suas sublimes lições à vida do transeunte na jornada terrena são repletas de preciosos ensinos, merecedores de reflexão e esforço para vivência cotidiana.

As leis morais são a conexão entre as três revelações divinas no Ocidente, intermediadas por Moisés, Cristo e pelos Espíritos superiores. Elas são a aplicação da mensagem de Jesus em nossas vidas, por retratar as principais recomendações para a fraterna relação social entre os homens.

A maravilhosa estrutura da obra basilar do Espiritismo, *O livro dos espíritos,* em sua terceira parte, apresenta por meio da organização e sabedoria de Allan Kardec, o conjunto de leis, síntese do que mais evoluído possa existir para a compreensão do homem em sua trajetória para Deus.

Ao registrar as dez leis, iniciando pela Adoração e encerrando com o mais completo dos enunciados — Amor, Justiça e Caridade, — o codificador e os amigos espirituais mostram-nos as leis naturais na primeira abordagem e a perfeição moral como a culminância para apontar que viemos de Deus e a Ele retornaremos na condição de filhos pródigos que atravessam as experiências de aprendizado destinadas ao crescimento espiritual.

As leis morais são a compilação das atitudes comportamentais que caracterizam o verdadeiro homem de bem. Por sua aplicação e vivência estabelecer-se-ão o equilíbrio e a fraternidade solidária entre todos os povos que passarão a se entender pela compreensão dos mandamentos divinos do amor a Deus e do amor ao próximo.

Constituímos uma só família no grande concerto universal e o trabalho, a igualdade, a solidariedade, a liberdade, os compromissos morais e a busca da perfeição relativa à que o homem está destinado são a representação da vontade do Cristo entre todos nós.

O propósito da existência humana é alinhar a nossa vontade aos desígnios superiores do Criador. Assim, as regras do bem proceder, mais que a moral dos costumes, deve representar o esforço contínuo de se buscar o entendimento pela paz e pelo amor, superando os apegos do ego e do materialismo.

A publicação que ora a FEB Editora oferta ao leitor amigo é da lavra do confrade Christiano Torchi, autor da obra *Espiritismo passo a passo com Kardec,* articulista de *Reformador* e estudioso da Doutrina que gentilmente compartilha suas preciosas reflexões ensejando-nos encontrar ao longo da caminhada, ao largo da estrada, gemas preciosas para o cultivo do Espírito.

Nas leis morais, encontramos o resumo e a essência de tudo que necessitamos para a educação de nossas almas, ainda necessitadas de luz e sedentas de consolo.

Aqui está, leitor amigo, um presente de Deus ao seu coração, para que possa usufruir de seus benefícios sempre que deles necessitar.

Christiano é o pomicultor que semeia, sem pretensões, as luzes do Evangelho pelas bênçãos do Espiritismo revelador.

Aproveitemos a oportunidade que a Espiritualidade bondosa nos oferta para conhecermos e vivermos a Mensagem do Cristo na intimidade de nossos corações e no fundo de nossas almas para o nosso bem e para o bem de todos que conosco convivem.

Amar acima de tudo é o verbo que devemos empregar em todos os tempos, modos e pessoas, a fim de que a felicidade habite os escaninhos de nossos seres.

Sigamos avante, amigos-irmãos, na luta pelo bom combate a fim de vencermos os vícios que nos sobram e de conquistarmos as virtudes que ainda nos faltam.

Com esse propósito, atingiremos a plenitude, em nome de Deus e do divino Amigo Jesus.

Geraldo Campetti Sobrinho
Brasília, 12 de fevereiro de 2014.

Agradecimentos

Aos familiares, parentes e amigos.

À equipe ESDE – Estudo Sistematizado da Doutrina Espírita, que em 2013 celebra 30 (trinta) anos de campanha permanente de divulgação da Codificação Espírita.

Às mediadoras e aos mediadores voluntários do Núcleo de Solução de Conflitos do Poder Judiciário de Mato Grosso do Sul, que estão dando o seu contributo pioneiro para a mudança de paradigma da Justiça brasileira.

Com gratidão, aos amigos da redação e da revisão da Revista *Reformador*.

A todos os que, direta ou indiretamente, colaboraram para que este projeto se concretizasse, em especial à minha esposa Creusa e à amiga Jordana Chaves.

O principal inimigo[1]

O egoísmo, esta chaga da humanidade, tem que desaparecer da Terra, porque impede o seu progresso moral.

É ao Espiritismo que está reservada a tarefa de fazê-la elevar-se na hierarquia dos mundos.

O egoísmo é, pois, o alvo para o qual todos os verdadeiros crentes devem apontar suas armas, sua força, sua coragem. Digo: coragem, porque é preciso mais coragem para vencer a si mesmo, do que para vencer os outros.

Que cada um, portanto, empregue todos os esforços a combatê-lo em si, certo de que esse monstro devorador de todas as inteligências, esse filho do orgulho é a fonte de todas as misérias terrenas.

É a negação da caridade e, por conseguinte, o maior obstáculo à felicidade dos homens. [...]

Emmanuel
Paris (França), 1861.

---

[1] KARDEC, Allan. *O evangelho segundo o espiritismo.* Cap. XI, it. 11, 2013

Introdução

Esta é uma obra simples, pela qual se pretende tocar os sentimentos, a razão e a esperança. Os sentimentos, porque evocam sublimes valores espirituais que amenizam nossas angústias. A razão, porque nos convida a refletir sobre as verdades que nos libertam, para sempre, da ignorância que nos prende à retaguarda evolutiva. A esperança, porque nos dá a certeza de que depende de nós a construção de um mundo melhor.

Credito-a, antes de tudo, aos Espíritos amigos, que na verdade são os autores das ideias aqui respigadas, os quais têm, pacientemente, me ensinado o valor do trabalho e da perseverança.

Coloco-me na mera condição do carteiro que entrega uma mensagem, buscando contextualizá-la nos acontecimentos de nosso tempo.

Ao encetar essa humilde tarefa, fortaleci a convicção de que as Leis Morais são caminhos seguros que nos conduzem a Deus.

Meu sincero desejo é que todos aqueles que se dispuserem a correr os olhos pelas suas páginas sintam-se também estimulados na busca incessante do autoconhecimento.

O AUTOR.

Capítulo 1
Lei divina ou natural

Que somos? Antes de nascer, o que éramos? Por que as pessoas são tão diferentes? Por que a vida sorri para umas e é só desgraça para outras? Por que umas nascem enfermas e outras, sãs? Por que umas são miseráveis e outras, abastadas? Por que umas, demorando-se em má conduta, sofrem menos que outras, que só fazem o bem? Por que o Criador permitiria essas aparentes desigualdades entre seus filhos. Por que a felicidade completa ainda não é deste mundo? De onde viemos? Para onde vamos? O que estamos fazendo na Terra? Várias pessoas viajam em trem, carro, navio ou avião, mas somente uma ou algumas delas se salvam, após desastre terrível — qual a razão de "sortes" tão diferentes? Onde encontrar, em fatos tão díspares, a Justiça divina? Essas são indagações milenares que os estudiosos procuram responder, em vão, com base nos compêndios humanos.

Se os homens fossem mais atentos aos fenômenos da vida, principalmente aos de ordem social, aprenderiam a interpretar melhor a realidade que os cerca, buscando nas Leis divinas a base fundamental dos seus códigos, submetendo seus labores e suas conquistas aos princípios de uma ética incorruptível, evitando, por exemplo, a aprovação de leis que atentam contra a vida, em seus múltiplos aspectos, como no caso do aborto, da eutanásia e da pena de morte.

A despeito da ignorância humana, as Leis divinas, que têm por escopo o Amor, base de sustentação do equilíbrio e da harmonia do universo, seguem seu curso inexorável, aguardando, pacientemente, que despertemos, pelos nossos próprios esforços, de profundo sono espiritual. Nesse hercúleo mister, contamos com o auxílio precioso das revelações contidas em *O livro dos espíritos*, pedra angular sobre a qual se ergue a Doutrina Espírita, que elucida, sem mistérios: "A lei natural é a lei de Deus. É a única verdadeira para a felicidade do homem. Indica-lhe o que deve fazer ou não fazer e ele só é infeliz porque dela se afasta".[2]

Para os desesperados que ainda não se dispuseram a sondar os arcanos das leis naturais ou para muitos dos que insistem em ignorar, por exemplo, a justiça das reencarnações e da lei de causa e efeito, corolário da imortalidade e do progresso dos Espíritos, tudo parece perdido, especialmente quando as tragédias e os sofrimentos abatem seus ânimos.

Como achar sentido na vida, com base na crença niilista do "morreu, acabou"? Com ela, muito ganhariam os maus que se veriam livres, ao mesmo tempo, de suas mazelas e de suas culpas, em detrimento das pessoas escrupulosas que não encontrariam nenhuma compensação pelos seus esforços de melhoramento pessoal. Ou, ainda, como acreditar que a criatura humana venha a ser condenada, irremissivelmente, a um inferno eterno por erros cometidos em única existência? Se Deus assim agisse, seria menos justo que os próprios homens, que, apesar de imperfeitos, vêm criando leis equitativas para julgar seus semelhantes, cujas penas são proporcionais aos malefícios cometidos.

Todos os Espíritos, encarnados e desencarnados, estão submetidos à lei natural que governa o universo — a Lei de Deus —, que está acima das legislações humanas, transitórias e imperfeitas. A característica principal da Lei divina é ser imutável, visto ser perfeita de toda a eternidade. Por tal motivo, imprime estabilidade às coisas, o que já não acontece com as leis humanas, que se modificam, constantemente, de acordo com o progresso e a cultura da sociedade.

---

[2] KARDEC, Allan. *O livro dos espíritos*. Q. 64, 2013.

Sendo Deus o autor de todas as coisas, segue-se que todas as leis da natureza, sejam elas físicas ou morais, têm o selo da Paternidade divina. Enquanto o sábio estuda as leis da matéria, com o auxílio da Ciência, o homem de bem estuda e pratica as leis da alma, que são as leis morais, contando, para isso, com o apoio da Filosofia e da Religião.

Em sua infinita misericórdia, sabedoria, bondade e justiça, Deus faculta a todos os seres pensantes os meios de conhecerem sua lei. Todavia, mesmo conhecendo-a, nem todos a compreendem de imediato. É por tal motivo que os Espíritos alertam que uma única existência não nos basta para alcançar essa meta, pois necessitamos, para isso, de experiência, maturidade, isto é, de evolução intelecto-moral.

Os que perseveram no bem e os interessados em pesquisar tais leis são os que melhor as compreendem, sentindo a ventura de penetrar, gradualmente, nos segredos que elas ocultam. No futuro, porém, todos partilharão dessas experiências, uma vez que o *progresso* é inevitável. A unicidade da existência não se compadece com a lógica divina, visto que milhões de criaturas humanas perecem diariamente ainda embrutecidas na selvageria e na ignorância, sem que tenham tido a oportunidade de se esclarecer.

Ensinam os benfeitores do espaço que a Lei de Deus (lei moral) está insculpida na consciência.[3] Apesar disso, essa lei necessitou ser revelada ao homem, por meio de missionários, uma vez que ele a esqueceu e a desprezou. Em meio a esses mensageiros do bem, vez por outra, surgem os "falsos profetas", que, movidos pela ambição e confundindo as leis que regulam as condições da vida da alma, com as que regem a vida do corpo, se atribuem uma missão que não lhes cabe. Deus permite que isso aconteça para que aprendamos a discernir o bem do mal. O verdadeiro profeta inspirado por Deus cultiva virtudes: é reconhecido não somente pelas palavras, mas também pelos seus atos, uma vez que Deus não se utiliza de um emissário dado a mentiras para ensinar a verdade. No afã de dominar as massas, esses falsos profetas apresentam leis humanas, concebidas unicamente para servir às paixões, como se fossem Leis divinas. Apesar disso, por serem homens de gênio, mesmo entre os equívocos que propagam, muitas vezes se encontram grandes verdades.

---

[3] KARDEC, Allan. *O livro dos espíritos.* Q. 621, 2013.

No topo da escala espírita — Espíritos puros —, Deus oferece JESUS como o tipo mais perfeito para servir de guia e modelo aos homens, cuja doutrina é a mais pura expressão das leis do Criador. Estando como estão as Leis divinas escritas no livro da natureza, muito antes da vinda de Jesus à Terra, já era possível percebê-las em seus sinais por aqueles que estivessem dispostos a meditar sobre a sabedoria. Por isso, muitas dessas leis foram antecipadas, ainda que de modo incompleto, por vários homens virtuosos, chamados de precursores, que prepararam o terreno para a vinda do Messias. Não sem razão, alguns desses preceitos consagrados por essas leis têm sido proclamados em todos os tempos e lugares, com destaque para o código de ouro do universo: "Não faças a outrem o que não gostarias que fizessem contigo".

Jesus, mestre por excelência, falava de acordo com a época e os lugares. Para não chocar as pessoas, ainda desprovidas de conhecimento e de compreensão quanto a determinados assuntos, acessíveis apenas aos iniciados, utilizava-se de alegorias, que seriam futuramente desvendadas quando tivessem adquirido maior desenvolvimento, o que efetivamente aconteceu, com o progresso da Ciência e o advento do próprio Espiritismo, o Consolador Prometido. Isso porque "todo ensinamento deve ser proporcional à inteligência daquele a quem é dirigido, pois há pessoas a quem uma luz viva demais deslumbraria, sem as esclarecer".[4]

Entretanto, Jesus somente procedia assim quanto às partes mais abstratas de sua Doutrina. No tocante à caridade para com o próximo e à humildade, condições básicas da "salvação", tudo o que disse a esse respeito foi inteiramente claro, explícito e sem ambiguidades. Atualmente, é preciso que a verdade seja inteligível para todos. Por isso, os Espíritos superiores têm por missão abrir os olhos e os ouvidos da humanidade, de sorte que ninguém poderá alegar ignorância, interpretando a lei de Deus ao sabor de suas paixões e interesses pessoais, visto que:

> a posse, a compreensão da lei moral é o que há de mais necessário e de mais precioso para a alma. Permite medir os nossos recursos internos, regular o seu exercício, dispô-los para o nosso bem. As nossas paixões são forças perigosas, quando lhes estamos escravizados; úteis

---

[4] KARDEC, Allan. *O evangelho segundo o espiritismo.* cap. XXIV, it. 4, 2013.

e benfeitoras, quando sabemos dirigi-las; subjugá-las é ser grande; deixar-se dominar por elas é ser pequeno e miserável.[5]

Se nos desejamos libertar dos males terrestres, evitando as reencarnações dolorosas, vivenciemos, na medida do possível, as leis morais, pois elas constituem o *roteiro de felicidade* do homem, construtor do próprio destino, nas sendas da evolução.

---

[5] DENIS, Léon. *Depois da morte*. Cap. LVI, 2013.

Capítulo 2
Reflexões sobre a moral divina

Não é raro conhecermos pessoas que, apesar de viverem em condições adversas, em ambientes viciosos, conseguem furtar-se às influências negativas do meio e se destacam na sociedade como homens e mulheres dignos. Há outras que, mesmo depois de terem experimentado uma vida de transgressões, crimes, prostituição e drogas, conseguem se recuperar, tornando-se referência para muitos outros indivíduos. Esses exemplos de superação mostram do que o ser humano é capaz quando tem fé.

No conhecido livro do escritor francês Victor Hugo (1802–1885), *Os miseráveis*, também retratado em filme, encontramos a história de um ex-presidiário (Jean Valjean) que, ante um dilema moral, originado de um furto por ele praticado após ganhar a liberdade, foi inocentado pela própria vítima, o caridoso bispo Charles Myriel, atitude que causou um profundo impacto no ex-condenado, motivando-o, daí por diante, a se tornar um homem de bem. Essa obra, embora seja um romance de ficção social, é inspirada na realidade e nos faz refletir sobre a questão filosófica da moral, tratada em *O livro dos espíritos*.[6]

A crença inata em um ser superior, comum a todos nós, sugere a existência de uma constituição divina insculpida na alma. Toda vez que infringimos as leis naturais, um juízo secreto nos diz que estamos no caminho errado. Dominados pelas paixões, nem sempre seguimos os ditames desse tribunal interior, ficando sujeitos, depois, ao arrependimento, à expiação e à reparação dos erros cometidos.

Do ponto de vista espírita, "a moral é a regra de bem proceder, isto é, a distinção entre o bem e o mal. Funda-se na observância da lei de Deus. O homem procede bem quando faz tudo pelo bem de todos, porque então cumpre a lei de Deus".[7] A infração das leis morais resulta numa sanção imposta pela própria consciência, que se traduz no remorso, sem prejuízo da eventual condenação imposta pela sociedade e suas instituições. O bem e o mal estão relacionados ao comportamento humano ditado pelo livre-arbítrio, pois "a noção de moralidade é inseparável da de liberdade".[8] Procedendo corretamente, o homem dá mostras de que sabe distinguir o bem do mal. O bem é tudo o que é compatível com a lei de Deus, e o mal é tudo aquilo que não se harmoniza com ela. Em resumo: quando fazemos o bem, procedemos conforme a lei de Deus e, quando fazemos o mal, estamos infringindo essa lei.

Nem todos, contudo, se comprazem em fazer o bem, dependendo da evolução do indivíduo e dos valores que cultua. Quando o homem procura agir acertadamente, utilizando a razão e a reflexão, encontra meios de distinguir, por si mesmo, o que é bem do que é mal. Ainda que esteja sujeito a enganar-se, em vista de sua falibilidade, possui uma bússola que o guiará no caminho certo, que é o de se colocar na posição do outro, analisando o resultado de sua decisão: aprovaria eu o que estou fazendo ao próximo se estivesse no lugar dele?

Esse método de pôr-se no lugar do outro para medir a qualidade de nossos atos é bem eficiente quando nos habituamos a utilizá-lo, porque o metro de cada um está na lei natural, que estabelece o limite de nossas

---

[6] KARDEC, Allan. *O livro dos espíritos*. Q. 629-646, 2013.
[7] Id. Ibid.
[8] DENIS, Léon. *O problema do ser, do destino e da dor*. Terceira parte, cap. XXII, 2013.

próprias necessidades, razão por que experimentamos o sofrimento toda vez que ultrapassamos essa fronteira. Por isso, se ouvíssemos mais a voz da consciência, estaríamos a salvo de muitos males que atribuímos a fatores externos ou à natureza.

Deus poderia, se quisesse, ter feito o Espírito pronto e acabado, mas o criou simples e ignorante, dando-lhe, assim, a oportunidade de progredir pelo próprio esforço, para que tenha a ventura de chegar ao cume da jornada e exclamar, satisfeito: *eu venci!*

Com o advento tanto do progresso e a consequente proliferação dos grupos sociais, caracterizados por sua diversidade cultural, como também das novas necessidades criadas pela modernidade e pelo avanço da tecnologia, somos tentados a pensar que a lei natural não é uma regra uniforme para a coletividade. Todavia, esse modo de raciocinar é equivocado, uma vez que a lei natural possui tantas gradações quantas necessárias para cada tipo de situação, sem perder a unidade e a coerência, cabendo a cada um distinguir as necessidades reais das artificiais ou convencionais.

A lei de Deus é a mesma para todos, independentemente da posição evolutiva do homem, que tem a liberdade de praticar o bem ou o mal. A diferença que existe está no grau de responsabilidade, como no caso do selvagem que, outrora, sob domínio dos instintos primitivos, considerava normal alimentar-se de carne humana, a saber: o homem é tanto mais culpado quanto melhor sabe o que faz. À medida que o Espírito adquire experiência em sucessivas encarnações, alcança estágios superiores que lhe permitem discernir melhor as coisas. Portanto, a responsabilidade do ser humano é proporcional aos meios de que dispõe para diferenciar o bem do mal. Apesar disso, não se pode dizer que são menos repreensíveis as faltas que comete, embora decorrentes da posição que ocupa na sociedade.

O mal desaparece à medida que a alma se depura. É então que, senhor de si, o homem se torna mais culpado quando comete o mal, porque tem melhor compreensão de existência desse. A culpa pelo mal praticado recai sobre quem deu causa a ele, porém, aquele que foi compelido, levado ou induzido a praticar o mal por outrem, é menos culpado do que aquele que lhe deu causa.

Outrossim, o fato de se achar num ambiente desfavorável ou nocivo à moral, devido às influências dos vícios e dos crimes, não quer dizer que a criatura esteja isenta de culpa, se, deixando-se levar por essas influências, também praticar o mal. Em primeiro lugar, porque dispõe de um instrumento poderoso para superar as circunstâncias infelizes: a *vontade*. Em segundo, porque, antes de encarnar, pode ter escolhido essa prova, submetendo-se à tentação para ter o mérito da resistência. De outras vezes, o Espírito renasce em um meio hostil com a missão de exercer influência positiva sobre seus semelhantes, retardatários.

Por outro lado, aquele que, mesmo não praticando diretamente o mal, se aproveita da maldade feita por outrem, age como se fosse o autor, isso porque talvez não tivesse coragem de cometê-lo, mas, encontrando o malfeito, tira partido da situação, o que significa que o aprova e o teria praticado, se pudesse ou tivesse ousadia para tanto. Enquanto Espíritos, quase todos nos equiparamos, na Terra, a condenados em regime de liberdade condicional, sujeitos, graças à Misericórdia divina, a diversas restrições que, muitas vezes nos são impostas para nos proteger das próprias fraquezas. Assim, podemos dizer que muitos de nós só não praticamos o mal por falta de oportunidade, considerando que nem sempre temos vontade forte o bastante para resistir a determinadas conjunturas, em virtude da ausência de autocontrole.

O desejo de praticar o mal pode ser tão repreensível quanto o próprio mal, contudo, aquele que resiste às tentações, com a finalidade de superar-se, tem grande mérito, sobretudo quando depende apenas de sua vontade para tomar essa ou aquela decisão. Não basta, porém, que deixe de praticar o mal. É preciso que faça o bem no limite de suas forças, pois cada um responderá por todo mal que resulte de sua omissão em praticar o bem. Os Espíritos superiores são taxativos em dizer que ninguém está impossibilitado de fazer o bem, independentemente de sua posição, pois que todos os dias da existência nos oferecem oportunidades de ajudar o próximo, ainda que seja por meio de uma singela oração.

O grande mérito de se fazer o bem reside na dificuldade que se tem de praticá-lo. Quanto maiores forem os obstáculos para a realização do bem, maior é o merecimento daquele que o executa. Contrário senso, não existe tanta valia em se fazer o bem sem esforço ou quando nada custa, como no caso do afortunado que dá um pouco aos pobres do que lhe sobra em abundância. A parábola do óbolo da viúva, contida em o Novo Testamento,⁹ retrata bem tal circunstância.

Finalizando, a essência da moral divina pode ser encontrada na máxima do *amor ao próximo,* ensinada por Jesus, porque abarca todos os deveres que os homens têm uns para com os outros, razão pela qual temos necessidade de vivenciar essa lei constantemente, porquanto o bem é a lei suprema do universo que nos conduz a Deus e "o mal será sempre representado por aquela triste vocação do bem unicamente para nós mesmos [...]".[10]

---

[9] Lucas, 21:1 a 4.
[10] XAVIER, Francisco Cândido. *Ação e reação*. Cap. 7, 2013.

Capítulo 3
Lei de adoração

No belíssimo romance espírita *Cinquenta anos depois,* que retrata alguns episódios ocorridos no início do século II da Era Cristã, obra de autoria do Espírito Emmanuel, psicografada pelo médium Francisco Cândido Xavier (1910–2002), um dos personagens, o nobre ancião e patrício romano, Cneio Lucius, conduz sua amada neta, Célia — cujos conhecimentos prematuros em matéria de religião e filosofia assombravam a todos — aos templos romanos de Júpiter Capitolino e de Serápis, para, segundo os costumes então vigentes, oferecer sacrifícios aos deuses, conforme a ritualística instituída pelos sacerdotes flamíneos.

Essa iniciativa do avô foi tomada, a pedido do pai da jovem, o censor Helvidius Lucius, numa tentativa de demovê-la da simpatia que nutria pelas ideias de Jesus, acidentalmente assimiladas dos escravos da casa, ideias essas que se propagavam no Império Romano e eram severamente reprimidas, por ordem dos administradores, que, perplexos ante a coragem dos cristãos que enfrentavam a morte, nos circos sanguinolentos, cantando hosanas ao Senhor,[11] talvez interpretassem a nova crença como uma afronta à autoridade romana e aos valores culturais que lhes eram mais caros.

Lendo essa passagem, como tantas outras da clássica "série Emmanuel", detectamos nesses rituais, tão comuns naquela época, atos de adoração. A palavra *adorar*, no sentido vulgar, significa gostar muito, ter paixão extrema por pessoas, animais e coisas. No sentido religioso tradicional, é o mesmo que venerar ou prestar culto a alguém ou a algo, no âmbito dos ofícios ou cerimônias religiosas, tal como descrito nos aludidos romances.

Do ponto de vista espírita, não é esse, porém, o conceito emprestado à palavra *adoração*, como se verá.

A crença na divindade é inata no ser humano, pois, tendo sido criados por Deus, todos cultivamos, no âmago, ainda que não tenhamos qualquer tipo de orientação religiosa, a vaga intuição da existência de um ser superior, do qual dependemos.

Atrasados em moralidade, os homens dos tempos recuados praticavam a adoração por meio de sacrifícios e coisas materiais. Temerosos da inclemência da natureza, com suas tragédias sociais, enchentes, secas e pragas, que atribuíam a deuses vingativos, para agradá-los, de modo a aplacar a suposta "ira" das divindades, ofereciam o que possuíam de mais precioso.

Ainda na atualidade, encontramos formas primitivas de se adorar a Deus, por meio de rituais semelhantes aos dos pagãos, com a utilização de símbolos e imagens. Não raro, indivíduos encarcerados nos antigos atavismos religiosos comercializam com o mundo espiritual, em troca de favores pessoais, tais como auxílios financeiros, casamentos, entre outros interesses terrenos imediatistas. Por seu lado, instituições religiosas há que não têm interesse de libertar seus profitentes dessas nefastas ilusões. Pelo contrário, incentivam-nos, porque mantê-los alienados é muito lucrativo. Naturalmente que os Espíritos superiores jamais endossariam esses hábitos, porque denotam escravização às paixões inferiores e aos interesses materiais.

De acordo com os ensinamentos dos mentores da Codificação, exarados na primeira obra básica, a adoração consiste "na elevação

---

[11] XAVIER, Francisco Cândido. *Cinquenta anos depois*. Cap. 2, 2013.

do pensamento a Deus".[12] Toda vez que meditamos, que elevamos o pensamento a Deus, em prece, louvando, pedindo ou agradecendo, independentemente de atos exteriores, estamos, consciente ou inconscientemente, praticando a verdadeira adoração. O Espírito Emmanuel amplia o entendimento dessa questão, esclarecendo:

> Todos os Espíritos, reencarnando no planeta, trazem consigo a ideia de Deus, identificando-se de modo geral nesse sagrado princípio.
> Os cultos terrestres, porém, são exteriorizações desse princípio divino, dentro do mundo convencional, depreendendo-se daí que a Verdade é uma só, e que as seitas terrestres são materiais de experiência e de evolução, dependendo a preferência de cada um do estado evolutivo em que se encontre no aprendizado da existência humana, e salientando-se que a escolha está sempre de pleno acordo com o seu estado íntimo, seja na viciosa tendência de repousar nas ilusões do culto externo, seja pelo esforço sincero de evoluir, na pesquisa incessante da edificação divina.[13]

A legítima adoração desenvolve no homem a própria espiritualidade, promove o autoconhecimento e a sublimação dos sentimentos que o aproximam de Deus, ao mesmo tempo em que granjeia a humildade, abrindo os portais do progresso intelecto-moral. A adoração, em sua essência, não se ensina, pois é um sentimento inato como aquele que se tem da Divindade. No âmago, o homem tem consciência de que é um ser dependente do Criador, o que o faz dobrar-se ante a proteção daquele que tudo pode. Esse sentimento geralmente se revela diante de um perigo iminente, em que, por força da lei de conservação, o homem direciona todas as suas energias para se livrar do evento que ameaça a sua sobrevivência. Não sem razão os orientadores da Codificação disseram que "jamais houve povos ateus", porquanto "todos compreendem que acima deles há um Ser supremo".[14]

A grande evidência de que a adoração é uma lei natural está no fato de a encontrarmos entre todos os povos de todas as épocas, ainda que

---

[12] KARDEC, Allan. *O livro dos espíritos*. Q. 649-673, 2013.
[13] XAVIER, Francisco Cândido. *O consolador*. Q. 296, 2013.
[14] KARDEC, Allan. Op. Cit.. Q. 651, 2010.

manifestada por meio de diferentes formas. A adoração autêntica prescinde de manifestações exteriores, contudo, há pessoas que ainda precisam de tais arrimos, visto que se sentem mais seguras assim, externando, com isso, que ainda não se libertaram dos hábitos arraigados que muitas vezes trazem de existências físicas anteriores.

Todavia, a adoração exterior é válida, se for feita de coração, isto é, se não for apenas uma encenação para impressionar os outros, sobretudo quando é realizada por pessoas que têm conduta censurável, a qual não se coaduna com os genuínos valores morais que tentam representar por meio de uma falsa adoração.

É óbvio que o Criador não desaprova as cerimônias praticadas pelos homens, imbuídos de sincera devoção, porém, a melhor maneira de honrá-lo é dedicar-se ao trabalho da caridade, pois Deus se importa mais com o fundo do que com a forma. A simples oração sincera e fervorosa vale muito mais, às vistas dele, do que todas as oferendas que lhe possamos dedicar.

Vinícius sintetiza bem em que consiste a adoração em espírito e verdade:

> Adorar a Deus em espírito e verdade é tornar-se progressivamente melhor, opondo embargos às expansões do egoísmo, cultivando a mente e o coração.
> [...]
> Adorar a Deus em espírito e verdade é servir à humanidade, é querer o bem de todos os homens, é renunciar à sua personalidade em favor da coletividade.
> Adorar a Deus em espírito e verdade é deixar de ser judeu ou samaritano, fariseu ou saduceu, para ser cristão com o Cristo, consoante estas palavras suas: "em vos amardes uns aos outros, todos conhecerão que sois meus discípulos".[15]

De outro lado, procede mal ou falta com a caridade quem ridicularize as crenças alheias por discordar da forma como é manifestada, assim como aquele que finge praticar uma religião na qual não acredita, apenas para agradar as pessoas.

---

[15] VINÍCIUS, Pedro de Camargo Apud CAMPETTI SOBRINHO, Geraldo. *O Espiritismo de A a Z*. 2012.

E o que dizer daqueles que se dedicam exclusivamente à vida contemplativa e que não fazem mal a ninguém? Ensinam os benfeitores espirituais que a missão do homem inteligente não é apenas pensar em si mesmo, mas também nos outros, deveres que incumbem a todos os que vivem em sociedade. O homem que se isola, gastando o seu tempo apenas em meditar, nada faz de meritório perante Deus, uma vez que, deixando de fazer o bem, já pratica o mal, pois seu gesto não aproveita à humanidade, e estará sujeito ao jugo da própria consciência por ter levado uma vida inútil.

Partindo da premissa de que a adoração se faz em espírito e em verdade, somos levados a concluir que o meio mais eficaz de cultuar a Deus é servir aos semelhantes, é contribuir para a melhoria do mundo a partir de nossa própria transformação íntima, que encontra instrumentos poderosos no estudo das Leis divinas e no trabalho em favor do próximo.

Capítulo 4
Lei do trabalho

O Livro Terceiro, capítulo III, da primeira obra básica da Codificação, aborda uma das leis mais importantes para o progresso dos seres: o *trabalho*. Afinal, o que é o trabalho e por que Deus o instituiu como lei comum a tudo e a todos? De acordo com o *Dicionário Houaiss*, o trabalho é o "conjunto de atividades, produtivas ou criativas, que o homem exerce para atingir determinado fim".[16] Entretanto, o trabalho transcende a essa conceituação usual, porquanto ele é inerente a todos os aspectos da natureza:

> O trabalho é uma lei para as humanidades planetárias, assim como para as sociedades do espaço. Desde o ser mais rudimentar até os Espíritos angélicos que velam pelos destinos dos mundos, cada um executa sua obra, sua parte, no grande concerto universal.[17]

---

[16] HOUAISS, Antônio; VILLAR, M. de S.; FRANCO, F. M. de M. *Dicionário Houaiss da língua portuguesa.* Verbete "trabalho".
[17] DENIS, Léon. *Depois da morte.* Cap. LII, 2013.

Detenhamo-nos, entretanto, a investigar a Lei do Trabalho, dentro do âmbito social, humano, no qual se destaca como Lei moral, segundo a concepção dos Espíritos superiores, e onde também se revela, de forma explícita, a perfeição das leis naturais.

Neste aspecto, o trabalho não compreende apenas as ocupações materiais executadas com o auxílio do corpo físico, mas também as atividades de ordem intelectual, no campo das Artes, da Música, da Filosofia, da Religião, da Ciência etc. O trabalho é imprescindível ao homem, não apenas porque é um meio de conservação do corpo, mas, sobretudo, de aperfeiçoamento da inteligência e da alma.

Nenhum Espírito, encarnado ou desencarnado, será capaz de progredir sem esforço próprio, que é indispensável ao equilíbrio. Com sua dedicação e gênio inventivo, com sua usina mental, que vibra em sintonia com as Leis divinas, a criatura avança cada vez mais em busca da solução de seus problemas. Toda essa atividade compreende o trabalho, que nada mais é, segundo a raiz grega *ergon*, que ação, "movimento incessante da vida".[18]

Utilizando o trabalho como veículo de renovação, o homem transformou completamente a face do Planeta e os seus próprios hábitos. Não fosse o trabalho, o homem permaneceria estacionado na infância moral e intelectual, no estado de natureza.

Para alguns linguistas, a palavra trabalho derivaria do latim *tripalium*, antigo instrumento, utilizado na Antiguidade, para torturar escravos. É, talvez, por isso, que a ideia de trabalho esteja primitivamente associada ao sofrimento. Além disso, o mito bíblico — de que o homem foi condenado a viver do próprio suor —[19] contribui, à feição de atavismo religioso, para muitos considerarem o trabalho uma espécie de punição divina.

Com o progresso da civilização, esse conceito depreciativo vem ganhando novos contornos. Evoluiu para *esforço* e depois para *obra*, passando o trabalho a ser recompensado proporcionalmente ao benefício que gera para a sociedade. Hodiernamente, trabalhar, para muitas pessoas, é motivo de satisfação. É quando o homem se realiza, consciente

---

[18] XAVIER, Francisco Cândido. *Caminho, verdade e vida*. Cap. 4, 2013.
[19] Gênesis, 3:19.

da importância de seu ofício, por mais humilde e árido que seja, porque se sente útil à coletividade.

Como os seres humanos têm constituição e resistência orgânicas diferentes, uns cansam mais facilmente que outros. Nesse ponto, necessitamos aprender a conhecer o próprio corpo, utilizando e condicionando o organismo conforme a estrutura física de cada um. Muitas vezes a mente quer, mas faltam energias. Por isso, os Espíritos amigos alertam, na questão 683 de *O livro dos espíritos*, que o limite do trabalho é o das forças de cada um.

De par com o trabalho, temos outra lei natural correspondente: a do *repouso* — descanso necessário ao refazimento do corpo físico e do intelecto —, o qual não deve ser confundido com preguiça ou ociosidade, que constitui o descanso inoperante, imerecido. As consequências para o Espírito que permanece no ócio são a estagnação da inteligência, a rotina, a sensação de inutilidade, o tédio e o crescimento do mal. Contudo, não basta trabalhar. É preciso desempenhar o serviço com retidão: "O dever, lealmente cumprido, mantém a saúde da consciência".[20]

O terceiro mandamento da lei mosaica,[21] que determina a guarda do sábado representa, na realidade, o estabelecimento do descanso semanal como medida útil destinada a proteger o corpo do esgotamento resultante do trabalho. Os hebreus fizeram disso uma questão moral obrigatória, que foi assimilada por vários segmentos religiosos e perdura até hoje, com a adoção de um dia específico da semana reservado exclusivamente para descansar e louvar a Deus.

Jesus, entretanto, que também trabalhava aos sábados, curando e consolando os enfermos, deixou bem claro que o "o sábado foi feito para o homem e não o homem para o sábado",[22] acentuando, ainda, que "meu Pai trabalha até hoje, e eu também".[23] O bom senso nos diz que não é preciso, rigorosamente, descansar ou louvar a Deus num dia especificamente reservado para isso, seja domingo ou sábado. Afinal, tudo na vida é trabalho. Até o corpo humano trabalha, mesmo durante o repouso, como é o caso do cérebro e do coração. Certas instituições e profissionais,

---

[20] VIEIRA, Waldo. *Conduta espírita*. Cap. 8, 2013.
[21] Êxodo, 20:8 a 11.
[22] Marcos, 2:27.
[23] João, 5:17.

com os seus plantões, trabalham continuamente. Impraticável, pois, paralisar o mundo por causa de um dia do calendário humano. O que importa é que todos cultivemos os valores espirituais e descansemos, em momentos próprios, de acordo com as necessidades e conveniências de cada um, de sua profissão, de suas atividades, de seus limites.

Não se olvide, porém, a existência de abusos nessa área, sobretudo nos grandes centros urbanos, onde certas pessoas adquirem comportamentos compulsivos em relação à atividade laboral. São conhecidas como *workaholics*, palavra inglesa que designa os indivíduos viciados em trabalho, seja por ambição ou ganância, seja por fuga psicológica ou outro motivo qualquer.

Consideremos ainda a aposentadoria: mais que uma época destinada ao repouso, vem a ser um prêmio ao esforço despendido pelo homem, que lhe proporciona o indispensável sustento nos dias de velhice, período em que se lhe desvanecem as forças, o poder criativo e a agilidade na execução das tarefas de subsistência. É importante ressalvar, porém, que o declínio das atividades físicas na velhice se deve ao desgaste do corpo, mas o Espírito continua senhor de suas faculdades e do progresso alcançado.

Atualmente, o avanço da Medicina e das condições sociais permite ao homem o aumento gradativo de sua expectativa de vida. Sendo assim, mesmo quando se aposenta, não é recomendável ao indivíduo manter-se ocioso. Deve, aproveitando-se da experiência adquirida, procurar substituir a sua rotina por alguma atividade edificante, embora mais leve e mais adequada às suas aptidões, gostos e forças, de preferência em benefício do próximo, no trabalho voluntário, para que suas energias não venham a se deteriorar, lançando-o na depressão e na sensação de inutilidade:

> A evolução, a competência, o aprimoramento e a sublimação resultam do trabalho incessante. Quanto mais se nos avulta o conhecimento, mais nos sentimos distanciados do repouso. A inércia opera a coagulação de nossas forças mentais, nos planos mais baixos da vida. [...][24]

---

[24] XAVIER, Francisco Cândido. *Entre a terra e o céu*. Cap. 11, 2013.

Isso não quer dizer que devemos esperar a aposentadoria, para só então praticar o bem, o qual podemos fazer diariamente, conciliando-o com nossas tarefas normais, o que já nos servirá de planejamento e exercício para os dias de inatividade profissional.

Grande número de pessoas não tem consciência da importância dessa fase. Muitas delas, no afã de gozarem a vida, interrompem as atividades profissionais na plenitude de suas forças físicas, sem qualquer preparo psicológico para administrar o seu tempo livre, e acabam adoecendo ou enveredando-se em vícios perniciosos à saúde física e moral. Para nos precatarmos contra esses males, é importante que nos conscientizemos de que o trabalho é uma dádiva que Deus nos conferiu para conquistarmos a redenção intelecto-moral por nosso próprio merecimento.

Depois dessas reflexões, concluímos, com os Espíritos superiores, que o trabalho, seja ele profissional, seja ele caritativo, juntamente com a oração, constitui não só o móvel do progresso do ser, mas também a mais poderosa proteção contra o mal, uma vez que possibilita ao Espírito corrigir as imperfeições e disciplinar a própria vontade.

Capítulo 5
Lei de reprodução

Ao tratar das leis morais, em *O livro dos espíritos*, Kardec inicia o estudo da lei da reprodução (q. 686 a 694), indagando dos Espíritos superiores sobre a "população do globo", "sucessão e aperfeiçoamento das raças" e "obstáculos à reprodução".

A reprodução é uma lei natural imprescindível. Destinando-se à perpetuação das espécies, sem ela o mundo corporal não se sustentaria. Se, do ponto de vista biológico, o objetivo da reprodução é a procriação de novos indivíduos, do ponto de vista espiritual, a reprodução é a lei moral que viabiliza a reencarnação dos seres, para que estes progridam. Por isso, em regra, a encarnação é uma condição "inerente à inferioridade do Espírito".[25] A reprodução aplica-se apenas aos seres encarnados, porque "os Espíritos não têm sexo [e] não se reproduzem".[26] A esse respeito, nunca é demais recordar as lições inesquecíveis

---

[25] KARDEC, Allan. *A gênese*. Cap. XI, 2013.
[26] Id. *O céu e o inferno*. Cap. II, 2013.

do codificador, Allan Kardec (1804–1869), inspiradas nos ensinos dos Espíritos superiores:

> A verdadeira vida, tanto do animal como do homem, não está no invólucro corporal, do mesmo modo que não está no vestuário. Está no princípio inteligente que preexiste e sobrevive ao corpo. Esse princípio necessita do corpo, para se desenvolver pelo trabalho que lhe cumpre realizar sobre a matéria bruta. O corpo se consome nesse trabalho, mas o Espírito não se gasta; ao contrário, sai dele cada vez mais forte, mais lúcido e mais apto. [...][27]

O fluxo migratório entre os dois mundos — o espiritual e o físico — é constante. Diariamente, ocorrem a desencarnação e a reencarnação de milhares de criaturas. A questão demográfica tem sido colocada na pauta de muitas organizações internacionais, pois existe a preocupação, que é antiga, de que o excesso de população da Terra poderia trazer um colapso ecológico-social, em virtude da saturação do meio ambiente. Entretanto, Deus, em sua suprema sabedoria, nunca desguarneceu a humanidade dos recursos necessários para vencer os seus desafios.

Thomas Malthus, economista britânico (1766–1834), baseando-se em cálculos matemáticos, previu um futuro aterrador para a humanidade, pois, segundo seus ensaios, publicados em 1798, dentro dos cem anos seguintes (até 1898, portanto), se exauririam os recursos de subsistência aos habitantes do planeta, visto que a população estaria aumentando numa proporção muito maior do que a produção dos alimentos.

Felizmente, por uma série de fatores, entre os quais as inovações tecnológicas aplicadas na produção agrícola e industrial, não se consumou a catástrofe prevista, pelo menos dentro do período anunciado pelo economista, e há motivos para se acreditar que também não ocorrerá no futuro, uma vez que o surgimento e a evolução dos seres vivos obedecem a um Planejamento superior, como se infere da Providência, que é "a solicitude de Deus para com as suas criaturas", a qual atua por meio das "leis gerais do universo".[28] A propósito, Michael Behe, professor adjunto de bioquímica da Universidade de Lehigh, Pensilvânia, EUA, levantou

---

[27] KARDEC, Alan. *A gênese*. Cap. III, 2013.
[28] Id. Ibid. Cap. II.

a hipótese da existência de um "Planejamento inteligente" na evolução dos seres vivos, deduzida a partir da análise de dados científicos, que encontra ressonância no ensino dos Espíritos superiores.[29]

Admitindo, como admitimos, a existência de uma Providência divina perfeita em seus princípios, parece lógico a nós outros que o desenvolvimento das coisas ocorre dentro desse Plano Diretor Maior, traçado com antecedência de bilhões de anos, que escapam às nossas acanhadas noções de tempo, em que estão previstas todas as variáveis decorrentes da geração e reprodução dos seres vivos e de sua própria imortalidade, tais como o aumento de população, a produção de alimentos, as guerras, as agressões à natureza, enfim, todos os fatores oriundos do uso devido ou indevido do livre-arbítrio, tudo conspirando a favor da emancipação do Espírito imortal.

Isso não quer dizer que a humanidade esteja indene dos erros cometidos, uma vez que a dor é a mestra do aprendizado a infundir responsabilidade por seus atos, com escopo educacional e reeducacional.

As Leis divinas são sábias e perfeitas, uma vez que, provendo os Espíritos de faculdades cocriadoras, possuem mecanismos para encaminhar a solução natural desses problemas por meio dos próprios seres inteligentes, sob o crivo da lei de causa e efeito. De fato, as conquistas científicas têm oferecido meios de se controlar, responsavelmente, a natalidade e aumentar a produtividade dos alimentos. Se há miséria e agressões ao meio ambiente, elas se devem mais ao egoísmo humano do que ao crescimento populacional ou à falta de recursos financeiros e tecnológicos.

Os habitantes atuais da Terra não formam uma criação nova, mas, antes, são os mesmos Espíritos, descendentes aperfeiçoados das raças primitivas, que substituíram a força bruta pela utilização do intelecto. Se a população do globo tem aumentado, é porque a quantidade de habitantes do mundo espiritual é muito superior à de encarnados,[30] e a evolução moral e intelectual dos Espíritos, em obediência ao Planejamento divino, permite que haja o aumento gradual e tolerável do fluxo de reencarnações. Acresça-se que a jornada evolutiva do Espírito não se dá apenas na Terra, mas também em outros planetas

---

[29] BEHE, Michael. Apud NOBRE, Marlene. *O clamor da vida: Reflexões contra o aborto intencional.* Cap. 3, 2000.

[30] XAVIER, Francisco Cândido. Apud ANDRADE, Hernani G. *Você e a reencarnação.* Cap. 16.

e que há um intercâmbio incessante entre os mundos, de modo que, enquanto uns estão imigrando para o nosso orbe, outros estão emigrando para mundos diferentes, conforme tenham estacionado ou ascendido em seu progresso.

Os Espíritos superiores esclarecem que os avanços científicos não são contrários à lei natural, entre eles o aperfeiçoamento das raças animais e dos vegetais, porquanto "tudo se deve fazer para chegar à perfeição e o próprio homem é um instrumento de que Deus se serve para atingir os seus propósitos", pois, "sendo a perfeição o objetivo para o qual tende a natureza, favorecer essa perfeição é corresponder aos desígnios de Deus".[31]

Desde que respeite o semelhante e não abuse do poder que tem sobre os demais seres vivos, é lícito ao homem regular a reprodução de acordo com as necessidades e os princípios éticos, caso em que estará utilizando a inteligência como um contrapeso instituído por Deus para restabelecer o equilíbrio entre as forças da natureza. Quando entrava a reprodução, desnecessariamente, ou com vistas apenas à satisfação da sensualidade, o homem, demonstrando a predominância de sua natureza animal, adia as nobres realizações da alma, acumulando sofrimentos para o futuro.

Enfim, a reprodução desponta como lei moral que possibilita a reencarnação do Espírito, o qual utiliza o corpo físico como veículo da própria evolução intelecto-moral. Daí se compreende a razão pela qual os Espíritos superiores ensinaram que estamos todos de passagem e que tanto o nascimento como a morte são apenas estágios de transformação, confirmando a premissa de que "o corpo procede do corpo, mas o Espírito não procede do Espírito, porque o Espírito já existia antes da formação do corpo".[32]

À medida que o Espírito progride, este necessita de corpos mais aprimorados para continuar ampliando suas faculdades. É por isso que, tendo como intermediário o perispírito e sofrendo a influência do ser pensante, os corpos vão se tornando, à medida que o tempo passa, mais aptos às novas aquisições do princípio inteligente que, na verdade, é o responsável pelo aperfeiçoamento das espécies.

---

[31] KARDEC, Allan. *O livro dos espíritos*. Q. 692, 2013.
[32] Id. *O evangelho segundo o espiritismo*. Cap. XIV, 2013.

As leis morais na atualidade

Quanto mais cresce em conhecimento, mais o Espírito, encarnado ou desencarnado, se torna responsável pelas suas escolhas, sendo, por isso, o artífice de seu próprio futuro, que acontece dentro das balizas do Planejamento divino para a felicidade de todos, sem esquecimento dos mínimos detalhes.

Se desejamos alcançar maior qualidade de vida, em todos os aspectos, devemos buscar conhecer mais a nossa própria natureza espiritual, o que nos propiciará melhor compreensão das leis morais que nos regem, para que possamos, vivendo de acordo com suas diretrizes, construir um mundo feliz para todos.

Capítulo 6
Casamento e divórcio

Como seria a vida conjugal de Romeu e Julieta se os jovens apaixonados sobrevivessem à tragédia do amor proibido, assim retratado por Shakespeare, no famoso romance? Apesar de se amarem tanto, o matrimônio seria realmente harmônico e longevo? E se eles vivessem em nossa época, marcada pela revolução dos costumes, estariam livres dos problemas de uma vida a dois? Temas como casamento e divórcio, relacionados à lei de reprodução, contida em *O livro dos espíritos,* das questões 695 a 697, sempre despertam reflexões importantes.

Nas eras primitivas, o consórcio entre os casais apresentava natureza semelhante ao dos animais irracionais, uma vez que prevalecia o estado de natureza, com a união promíscua e fortuita dos sexos, em que o ser humano não tinha o senso moral desenvolvido. O advento do matrimônio inaugurou um dos primeiros estágios de progresso nas sociedades humanas, porque instituiu a solidariedade fraterna, pelo consenso de duas almas que se unem pelos sentimentos recíprocos de afeto e de amor para a assistência mútua e para a constituição da família. A comunhão sexual entre as criaturas que, de fato, se candidatam à elevação moral, "traduz a permuta sublime das energias perispirituais, simbolizando alimento divino para a inteligência e para o coração e força criadora não somente de filhos carnais, mas também de obras e realizações generosas da alma para a vida eterna".[33]

A família é uma instituição sólida, que varou os milênios, porque é de origem divina, tal como o casamento, que se destina "não só à conservação da humanidade, como também a oferecer aos Espíritos, que se unem no grupo familiar, apoio recíproco para suportarem as provas da existência".[34] Buscando-se no espaço, os Espíritos programam reencarnações para, no mesmo grupo familiar, consanguíneo ou não, darem sequência a projetos redentores. Por tais motivos, não procede a opinião de que o casamento e a família estão condenados ao desaparecimento.

Muitos consórcios têm curta duração ou apresentam problemas de incompatibilidade entre os pares, porque, na atual fase evolutiva da humanidade, a grande maioria das uniões conjugais[35] sujeita-se à lei de causa e efeito, a qual reaproxima seres em ligações expiatórias ou provacionais para dar continuidade a relacionamentos anteriores, proporcionando o resgate de erros pretéritos, com vistas à reabilitação e ao progresso moral.

Ultrapassada a *fase de encantamento e afetividade* que ocorre no início da união, a vida apresentará aos casados, nessas condições, certos desafios, de acordo com as necessidades de cada um. Olvidando o clamor da consciência e esquecidos da origem verdadeira de seus dramas, cujas raízes geralmente estão fincadas em reencarnações passadas, muitos cônjuges desertam dos compromissos assumidos, em nome do comodismo e da falsa liberdade. Mal sabem que estão apenas adiando compromissos e que, em futuras encarnações, estarão sujeitos a recapitular experiências difíceis, talvez numa situação muito pior, ainda que em companhia de parceiros diferentes.

---

[33] XAVIER, Francisco Cândido. *Missionários da luz*. Cap. 13, 2009.

[34] CALLIGARIS, Rodolfo. Apud CAMPETTI SOBRINHO, Geraldo. *O espiritismo de A a Z*, 2012. Vocábulo "casamento".

[35] XAVIER, Francisco Cândido. *Nosso lar*. Cap. 20, 2010.

O benfeitor espiritual Emmanuel elucida, com maestria, a razão pela qual as famílias consanguíneas experimentam reflexos agradáveis ou desagradáveis em sua trajetória existencial, e como eles influenciam o progresso do núcleo familiar:

> [...] O homem primitivo não se afasta, de improviso, da própria taba, mas aí renasce múltiplas vezes, e o homem relativamente civilizado demora-se longo tempo no plano racial em que assimila as experiências de que carece, até que a soma de suas aquisições o recomende a diferentes realizações. [...][36]

Depois de explanar sobre a hereditariedade psicológica que reúne Espíritos afins nas mesmas atividades e inclinações, no bojo dos milênios, o benfeitor conclui:

> [...] Temos assim, no grupo doméstico, os laços de elevação e alegria que já conseguimos tecer, por intermédio do amor louvavelmente vivido, mas também as algemas de constrangimento e aversão, nas quais recolhemos, de volta, os *clichês* inquietantes que nós mesmos plasmamos na *memória* do destino e que necessitamos desfazer, à custa de trabalho e sacrifício, paciência e humildade, recursos novos com que faremos nova produção de reflexos espirituais, suscetíveis de anular os efeitos de nossa conduta anterior, conturbada e infeliz.[37]

O casamento independe de formalismos, embora esses tenham sua utilidade do ponto de vista jurídico, mas o que prevalece mesmo é a união dos sentimentos do amor verdadeiro. Mola do progresso da humanidade, cuja abolição teria por efeito "uma regressão à vida dos animais",[38] o matrimônio é compromisso que implica, obviamente, responsabilidade de parte a parte. Antes de fazerem uma escolha tão séria, os nubentes devem refletir maduramente, para que não venham a ser

---

[36] XAVIER, Francisco Cândido. *Pensamento e vida*. Cap. 12, 2013.
[37] Id. Ibid. Cap. 12.
[38] KARDEC, Allan. *O livro dos espíritos*. Q. 696, 2013.

infelizes nem promovam a infelicidade de outras pessoas, principalmente a dos filhos.

O escritor espírita Martins Peralva (1918–2007) erigiu a seguinte classificação para a vida a dois, a qual, sem ser absoluta, auxilia os casais a se autoanalisarem, com vistas à superação dos problemas em comum:

> **Acidentais:** Encontro de almas inferiorizadas, por efeito de atração momentânea, sem qualquer ascendente espiritual.
> **Provocionais:** Reencontro de almas, para reajustes necessários à evolução de ambos.
> **Sacrificiais:** Reencontro de *alma iluminada com alma inferiorizada*, com o objetivo de redimi-la.
> **Afins:** Reencontro de corações amigos, para consolidação de afetos.
> **Transcendentes:** Almas engrandecidas no Bem e que se buscam para realizações imortais."[39] (Destaques do original).

Terapeutas e psicólogos, com base em pesquisas bem orientadas, constataram que o casamento dura quando um admite que o outro tem qualidades e defeitos, hipótese em que é necessário aprender a "renunciar, suportar a existência de sentimentos contraditórios, tolerar", e que "um dos momentos mais marcantes na relação duradoura é aquele em que, conscientemente ou não, o casal abdica do mito do parceiro ideal."[40] Estudos antropológicos revelam também que "homens e mulheres pensam diferente, reagem diferente, têm diferentes expectativas, e, sem uma boa dose de compreensão e boa vontade mútuas, não há união que resista ao embate [das diferenças]".[41]

No livro de autoajuda *Homens são de Marte, mulheres são de Vênus*,[42] o terapeuta John Gray dedica-se a explicar algumas dessas diferenças, com o propósito de auxiliar os casais a se entenderem melhor. Já a escritora espírita, Dalva Silva Souza, conclui, na sua excelente obra *Os caminhos do amor*, que "o homem e a mulher, tanto na família quanto

---

[39] PERALVA, Martins. *Estudando a mediunidade*. Cap. 18, 2011.
[40] BRASIL, Sandra. *Revista Veja*. Comportamento: Vale a pena consertar? 2006.
[41] OYAMA, Thaís; BYDLOWSKI, Lizia. *Revista Veja*. Especial: Até que o casamento os separe. 2000.
[42] GRAY, John. *Homens são de Marte, mulheres são de Vênus*. 1996.

na sociedade, completam-se", mas "o grande desafio está em se estabelecer uma interação harmoniosa que possibilite o equilíbrio".[43] De fato, "o lar é o sagrado vértice no qual o homem e a mulher se encontram para o entendimento indispensável", pois "é o templo, onde as criaturas devem unir-se espiritual antes que corporalmente".[44]

A superação desses problemas exige permanente trabalho de entrosamento entre os cônjuges, sob o pálio da caridade, consistente na compreensão, no perdão e na tolerância. Estudando o Evangelho de Jesus, à luz dos ensinamentos do Espiritismo, o casal terá meios de detectar, com maior segurança, a origem de seus problemas e enfrentá-los com as armas da razão e do sentimento. Para auxiliá-los nesse mister, a realização do Evangelho no Lar e as preces constituem, também, excelente terapêutica.

Inobstante as diferenças de personalidade entre o homem e a mulher, próprias das circunstâncias que os ligam ao corpo físico, não se olvide que, enquanto entidades espirituais, são rigorosamente iguais perante Deus e têm os mesmos direitos, tanto que podem reencarnar ora num sexo, ora em outro, condição em que, por força das leis naturais, exercem funções diferentes.

Como adverte o Espírito Emmanuel, "partindo do princípio de que não existem uniões conjugais ao acaso, o divórcio, a rigor, não deve ser facilitado entre as criaturas".[45] Contudo, o divórcio "não é contrário à lei de Deus, pois apenas reforma o que os homens fizeram e só é aplicável nos casos em que não se levou em conta a Lei divina".[46]

Portanto, é um erro considerar a indissolubilidade do casamento uma lei natural, uma vez que "o divórcio é lei humana que tem por fim separar legalmente o que já está, de fato, separado".[47] Nem mesmo Jesus consagrou a indissolubilidade absoluta do casamento, ao afirmar: "foi por causa da dureza dos vossos corações que Moisés permitiu que

---

[43] SOUZA, Dalva Silva. *Os caminhos do amor*. Proposta de nova interpretação do ensino dos espíritos, 2007.
[44] XAVIER, Francisco Cândido. *Nosso lar*. Cap. 20.
[45] Id. *Vida e sexo*. Cap. 8, 2013.
[46] KARDEC, Allan. *O evangelho segundo o espiritismo*. Cap. XXII, 2013.
[47] Id. Ibid.

despedísseis as vossas mulheres".⁴⁸ Muitas vezes, a separação é até mesmo necessária, para evitar que a experiência a dois se transforme numa tragédia e que um dos cônjuges ou ambos agravem os débitos contraídos em encarnações anteriores.

Em nosso planeta de provas e expiações, o amor ainda é obra em andamento, que não se constrói com meras afirmações verbais. Daí a necessidade das reencarnações, com o seu cortejo de experiências, a consolidar em nós, etapa por etapa, as virtudes que nos faltam para vivenciarmos integralmente as lições do Evangelho de Jesus, que nos legou exemplo inesquecível, independente do sexo e do estado civil das pessoas: "amai-vos uns aos outros, assim como eu vos amei".⁴⁹

Que possamos, cada vez mais, enobrecer o casamento, contribuindo para o fortalecimento moral da família e da sociedade e preparando a Terra do futuro, para a vivência de elos de fraternidade pura, como já acontece nos mundos superiores.

---

[48] KARDEC, Allan. *O evangelho segundo o espiritismo*. Cap. XXII, 2013.
[49] João, 15:12.

Capítulo 7
Celibato, monogamia e poligamia

Que requisitos deve preencher uma pessoa que se propõe a ser um "condutor de almas", assim entendido aquele que se dedica a ensinar os valores espirituais eternos, que tornam a criatura melhor e a aproximam do Criador?

Na atualidade, ainda se acredita que tais pessoas devam revestir a aura de pureza ou "santidade" e serem submetidas aos rigores do celibatarismo, em renúncia a muitos prazeres da vida, inclusive às alegrias do casamento, da prole. Onde, porém, encontrar, na Terra — planeta de provas e expiações — ministros religiosos com tais predicados, em número suficiente para encetar tarefa de tamanha envergadura, perante bilhões de almas em evolução, ainda encarceradas nas teias da ignorância? Jesus, em seu ministério de amor e libertação, jamais preconizou tal exigência como condição absoluta para os trabalhadores do bem, tanto que escolheu como seus seguidores diretos pessoas comuns como nós, de todas as classes sociais, solteiros ou casados.

Ao tratar da Lei de Reprodução, no Livro Terceiro, Capítulo IV, questões 698 a 701, de *O livro dos espíritos*, Kardec também questionou os Espíritos superiores sobre o celibato, a monogamia e a poligamia, recebendo dos mentores celestes respostas lógicas e consistentes.

A palavra celibato provém do latim *caelibatus*, definido literalmente como "não casado", nome utilizado para designar uma pessoa que se mantém solteira, mas que não está compromissada com a castidade ou impedida de ter relações sexuais. Comumente, porém, a palavra é associada à condição da pessoa que optou pela abstinência [jejum] sexual, que decidiu não se casar para assumir outro compromisso, como acontece, por exemplo, no caso de certos religiosos.

O celibato, especialmente no Ocidente, no seio do Catolicismo, é um cânone ao qual deve aderir, obrigatoriamente, todo aquele que opta pela carreira eclesiástica. Muitos religiosos, sobretudo quando são jovens, não raro influenciados pela família, pela sociedade, acreditam que terão condições de suportar uma vida de castidade, mas depois de ordenados não se adaptam aos hábitos monásticos.

Ocorre que o celibato obrigatório, em oposição às leis naturais, nem sempre contempla as necessidades íntimas de cada um. É que a pessoa pode, eventualmente, ter vocação para ser um excelente religioso, mas não suportar a vida celibatária.

Não são poucos os religiosos, sobretudo do sexo masculino, que abandonam a carreira eclesiástica para se casarem. Autodenominam-se "padres casados", e muitos deles continuam ministrando ofícios religiosos, à margem do Clero. São também chamados de "egressos" e, pelo que consta, em sua grande maioria, dão exemplos de conduta cristã em família.

De acordo com o *site* da "Associação Rumos — Movimento Nacional das Famílias dos Padres Casados", com sede em Brasília (DF), a entidade "não é um grupo de contestação contra a Igreja Católica Romana ou qualquer autoridade eclesiástica". O objetivo da instituição é buscar o "diálogo com as instituições, Organismos Religiosos e Sociais, dentro de uma perspectiva ecumênica", bem assim obter o "reconhecimento do ministério dos padres casados, a implantação do celibato opcional na Igreja Católica Romana e a valorização do papel da mulher na Igreja".[50]

---

[50] ASSOCIAÇÃO RUMOS. Disponível em: <http://www.padrescasados.org/sobre>. Acesso em: 1º. nov. 2012.

Segundo seus organizadores,

> os padres casados estão em toda parte. Formam um exército de pelo menos 100 mil homens, 5% deles no Brasil. [...] Por terem contraído matrimônio, com ou sem a necessária dispensa do compromisso do celibato concedida unicamente pelo papa, esses homens foram excluídos do ministério sacerdotal, não por vontade própria, mas por imposição de uma disciplina multissecular.[51]

Reportagem publicada em conhecida revista de circulação nacional alerta que "o conflito com o celibato na Igreja Católica é um dos grandes desafios do sacerdócio. Perturba os padres há séculos e continua sendo um dos problemas mais sérios do Vaticano".[52]

Existem aqueles que realmente estão em condições espirituais de subjugar o instinto sexual pelo exercício do amor universal. Essas pessoas, voluntariamente, vivenciam a castidade e optam pela abstinência do sexo para se dedicarem mais intensamente ao cumprimento de tarefas nobres, seja no campo intelectual, seja no assistencial, seja no religioso, sem que com isso tenham descompensações graves na área afetiva, capazes de lhes tirarem o equilíbrio, apesar das severas tentações que muitas vezes experimentam.

Mencione-se como exemplo Francisco Cândido Xavier e Madre Teresa de Calcutá, entre tantos outros missionários das mais diversas atividades humanas, inclusive nas áreas científica e filosófica, os quais renunciaram à vida conjugal em benefício da humanidade. Nesses missionários, não se estancou o fluxo das energias criadoras do sexo, que foram direcionadas para outros objetivos nobres.

Qualquer pessoa, principalmente o jovem solteiro, o homem ou a mulher solitários, o viúvo, independentemente de sua evolução, pode canalizar suas energias criadoras para o esporte, para as artes, para a caridade, para o trabalho edificante, como forma de atenuar as labaredas dos instintos que ainda se hospedam no animal racional.

---

[51] ASSOCIAÇÃO RUMOS. Disponível em: <http://www.padrescasados.org/archives/872>. Acesso em: 1º. nov. 2012.
[52] LIMA, Maurício. *Revista Veja*. "Sociedade: Amores Proibidos". 10 fev. 1999.

Apesar de ser um ardoroso defensor da castidade, o apóstolo Paulo deu a entender que o celibato não era para todos, indistintamente, tanto que ressalvou, na *Primeira epístola aos coríntios* (7:9): "Mas, se não podem conter-se, casem-se. Porque é melhor casar do que abrasar-se".

O celibato imposto é uma distorção que tem levado muitos religiosos a abandonar as fileiras do sacerdócio. Outros, apesar de permanecerem reclusos nos conventos e nas igrejas, pelos mais diversos motivos, tornam-se infelizes e estão sujeitos a desregramentos sexuais lamentáveis, com grande desprestígio para o movimento religioso a que se vincularam e em prejuízo deles próprios, conduta que provoca desarmonias e perturbações de toda ordem.

Desse modo, o celibatarismo *em si* não é um ato meritório, podendo sê-lo, entretanto, quando a opção é tomada em prol da humanidade, com a finalidade de ser útil ao próximo, sem ideias egoístas, como fez Padre Germano, que honrou a batina até o fim, servindo aos pobres e aos humildes.[53] Essa constatação, porém, não exclui os efeitos positivos do ascetismo consciente, no plano individual, muitas vezes escolhido pelo Espírito antes da encarnação como forma de conquistar a autodisciplina ou como forma de resgatar débitos do pretérito: "[...] Todo sacrifício pessoal, tendo em vista o bem e sem qualquer ideia egoísta, eleva o homem acima da sua condição material".[54]

Em outro extremo, encontramos a *poligamia*, que, como o nome indica, é a união conjugal de uma pessoa com várias outras, pertencendo ao gênero do qual é espécie a *poliginia* e a *poliandria*. A poliginia serve para designar a união de um homem com muitas mulheres. No mesmo padrão, temos a poliandria, que é a união de uma mulher com vários homens. A monogamia, por seu lado, expressa a cultura em que o homem e a mulher têm apenas um cônjuge.

No planeta, mais especificamente na África e no Oriente, ainda existem povos que cultuam a poligamia, cuja extinção vem ocorrendo gradualmente, com o passar dos milênios, o que caracteriza o fim de um ciclo de etapas do progresso humano.

Embora em alguns casos imposta sob rótulos religiosos, trata-se de uma cultura protegida, em determinados países, pela legislação transitória

---

[53] DOMINGO SOLER, Amália. *Fragmentos das memórias do Padre Germano*. 2008.
[54] KARDEC, Allan. *O livro dos espíritos*. Comentário de Kardec à q. 699, 2013.

dos homens, costume proveniente das eras remotas, em que prevalecia o estado de natureza, e também das sociedades patriarcais e matriarcais da Antiguidade, em que se exacerbavam os instintos animais, favorecendo a promiscuidade sexual.

Por fim, o casamento monogâmico deve fundar-se na afeição dos seres que se unem, o que já não ocorre na *poligamia*, em que não existe afeição real, mas apenas sensualidade. A monogamia, portanto, é a união mais em consonância com a lei do progresso, porque estimula o aperfeiçoamento dos laços de sentimento entre o casal.

Para servir a Deus, entretanto, não importa se somos adeptos dessa ou daquela religião. O que interessa mesmo é o cultivo sincero da conduta ética em sintonia com os ensinos do Cristo que se refletem no pensamento atribuído a Gandhi: "Sê tu a mudança que queres ver no mundo".

Capítulo 8
Relações homoafetivas

Este capítulo propõe-se a esboçar, sob a ótica espírita, alguns pontos básicos da intrigante questão, pertinente à lei de reprodução: a homossexualidade, ou homoafetividade, como se tem convencionado chamá-la no meio jurídico.[55] Não há a vã pretensão de esgotar o assunto nem de dar respostas prontas a todas as perguntas. O objetivo é despertar a reflexão e estimular o leitor a buscá-la por si mesmo.

Este tema ainda é um tabu em todo o mundo, porquanto a homossexualidade, embora seja tão antiga quanto o homem e exista inclusive no reino animal, é vista como um comportamento social contrário à natureza, talvez por ser algo fora dos padrões do que é considerado "normal". Mas será que é isso mesmo? A pessoa, invariavelmente, é homossexual porque o deseja? Porque assim o escolheu?

---

[55] DIAS, Maria Berenice. Homoafetividade: um novo substantivo. Seção Artigos. Disponível em: <http://www.mbdias.com.br/hartigos.aspx?77,14>. Acesso em: 1º. nov. 2012.

A homossexualidade, desde o final do século XX, deixou de ser considerada doença por organismos internacionais e pelo Conselho Federal de Psicologia (CFP), no Brasil.[56]

De acordo com a legislação brasileira, o *casamento* — vínculo conjugal entre duas pessoas — só é possível entre homem e mulher. Entretanto, aumenta cada vez mais o número de pessoas do mesmo sexo que sustentam vida em comum e que ficam à margem da proteção legal. Em vista disso, o Poder Judiciário tem sido constantemente instado a resolver conflitos desse jaez, tais como os relativos a pedidos de adoção de crianças, questões sucessórias, alimentares, previdenciárias, entre outras.

À míngua de norma explícita que autorize tais uniões, os intérpretes buscam respaldo na Constituição Federal, por analogia à união estável entre homem e mulher e à família monoparental, que foram equiparadas, pelo constituinte, a *entidades familiares*. Tomam por base princípios constitucionais muito caros às Democracias, entre eles o da *dignidade da pessoa humana*, o da *liberdade* e o da *igualdade*, para concluir que é possível a união estável entre pessoas de sexo idêntico, com todas as consequências jurídicas próprias dos institutos referidos.[57]

O que há, ainda, é muita ignorância e preconceito no tocante à homossexualidade, cujas causas reais são praticamente desconhecidas dos especialistas encarnados. Em virtude da visão fragmentária e reducionista que as ciências acadêmicas nutrem a respeito do ser humano, considerando-o como ente finito, e que, sob essa ótica, desapareceria para sempre da realidade após a morte física, muitos fenômenos psicológicos, sociais e biológicos, entre eles a homossexualidade, têm sido precariamente estudados e interpretados pelos estudiosos encarnados.

A seu turno, a Doutrina Espírita oferece subsídios valiosos para auxiliar a compreensão de tais incógnitas, uma vez que analisa o ser humano sob o prisma holístico.[58] Isto é, investiga as causas do enigma, pois não se detém apenas no exame dos fatores físicos e psicológicos inerentes ao ser humano. O seu estudo, por si só, constitui uma excelente terapêutica,

---

[56] Resolução nº 1/99, do Conselho Federal de Psicologia (CFP).

[57] Constituição Federal Brasileira: arts. 1º, *caput*, III; 5º, *caput*, I; e 226, §§ 3º e 4º.

[58] Nota do autor: Pela teoria holística, a criatura humana é considerada um todo indivisível e que não pode ser explicada pelos seus distintos componentes, separadamente (físico, psicológico, moral, espiritual).

visto que auxilia a libertação de muitos conflitos e encaminha as pessoas para a tomada de atitudes mais coerentes e seguras diante da vida.

Os benfeitores do Alto, nas questões 200 e 201 de *O livro dos espíritos* (FEB Editora), deixam claro que os Espíritos não têm sexo como o entendemos e que podem encarnar ora como homem, ora como mulher. E complementam — "há entre eles amor e simpatia, mas baseados na afinidade de sentimentos".

Portanto, as preferências sentimentais de pessoas por outras do mesmo gênero nem sempre implicam a existência de conúbio carnal ou o desvirtuamento e o abuso das faculdades genésicas, abuso esse que também ocorre, expressivamente, entre os indivíduos heterossexuais.

Qualquer pessoa, independentemente de sua orientação sexual, jamais logrará realização, se se entregar aos excessos no campo da sexualidade. Nesses casos, o indivíduo se sujeita a adquirir hábitos nocivos e a viciar-se nas aberrações da luxúria, essas, sim, contrárias às leis naturais, as quais convidarão o Espírito imortal a corrigi-las nas futuras encarnações.

— Por que sou assim? — frequentemente perguntam crianças e jovens de ambos os sexos, atormentados com a descoberta de suas tendências homossexuais, sem que tenham, conscientemente, escolhido esse caminho. Já os pais de homossexuais, alguns deles chocados com a orientação sexual de seus filhos, geralmente têm, como primeira reação, buscar uma explicação racional para a origem da homossexualidade.

De acordo com o ensino dos Espíritos superiores, o sexo reside na mente, expressa-se no corpo espiritual (perispírito)[59] e, consequentemente, no corpo físico:

> [...] o instinto sexual não é apenas agente de reprodução entre as formas superiores, mas, acima de tudo, é o reconstituinte das forças espirituais, pelo qual as criaturas encarnadas ou desencarnadas se alimentam mutuamente na permuta de raios psicomagnéticos, que lhes são necessários ao progresso.
>
> [...] ninguém escarnecerá dele, desarmonizando-lhe as forças, sem escarnecer e desarmonizar a si mesmo.[60]

---

[59] Nota do autor: Perispírito é o envoltório semimaterial do Espírito, que tem como uma das funções básicas servir de intermediário entre esse e o corpo físico.
[60] XAVIER, Francisco Cândido. *Evolução em dois mundos*. Cap. 18, 2013.

Kardec também enfrentou esse assunto na *Revista Espírita*, na qual esclareceu que as "anomalias aparentes" do caráter de certas pessoas se devem aos atavismos que o ser reencarnado traz de outras vidas.[61] Entretanto, essas características que as pessoas apresentam não as transformam, automaticamente, em homossexuais.

Outros Espíritos, com a finalidade de *expiarem erros do passado* ou *exercerem tarefas de auxílio e/ou aprendizado*, renascem em corpos incompatíveis com o seu psiquismo, pelo que, não raro, enfrentam severas rejeições de seus próprios familiares e são marginalizados pela sociedade, circunstâncias em que podem sucumbir ao desvirtuamento e à viciação de suas sublimes faculdades reprodutoras.

O Espírito Emmanuel explica que muito dos enigmas da sexualidade se deve ao desconhecimento de nossa origem espiritual e biológica, essa radicada nos seres inferiores da criação, de cujos instintos ainda não nos libertamos totalmente, bem assim ao desconhecimento da reencarnação e dos reflexos das experiências pretéritas.[62]

Não nascemos prontos e nosso processo evolutivo prossegue sem detença, ainda muito distante da almejada perfeição. Por isso, é apropriada a comparação simbólica do ser humano personalizado na figura do Centauro, monstro da mitologia, cujo corpo da cintura para cima se apresenta como homem e a outra metade como animal.

Esmagadora maioria dos pais não tem condições psicológicas nem experiência para tratar de um assunto dessa envergadura, quando ele surge no seio familiar. Além disso, os pais nem sempre encontram uma *orientação psicológica segura* para enfrentar a situação, em virtude da diretriz materialista de muitos especialistas, como já visto.

Há casos de homossexuais que, devido ao desconhecimento espiritual de si mesmos e muitas vezes da própria orientação sexual, associado à cobrança sociocultural, experimentam momentos de intensos sofrimentos psíquicos, em virtude de suas emoções estarem nesse instante em processo de desequilíbrio.

Dessa maneira, tornam-se solitários, com muitas dificuldades de relacionamento. É quando, diante das pressões sociais, principalmente da

---

[61] KARDEC, Allan. *Revista espírita:* jornal de estudos psicológicos. "As mulheres têm alma?" Ano 9, jan. 1866. 2009.

[62] XAVIER, Francisco C. *Vida e sexo.* Cap. 21, 2013.

família, percebem-se em conflito oriundo da própria sexualidade, oportunidade em que podem vivenciar um quadro de ambivalência ou ambiguidade afetiva de ordem existencial, encapsulando-se em seus dramas. Nessas condições perturbadoras, é possível que desenvolvam ideações suicidas, com predomínio de tentativas de autocídio.

Para as famílias de homossexuais e para esses próprios, recomenda-se, entre outros, o livro de autoria da educadora e professora paulistana Edith Modesto.[63] Trata-se de obra utilíssima, uma vez que traz a experiência pessoal de uma mãe que arrostou o desafio de trabalhar seus sentimentos e os de seus familiares ante o desabrochamento da homossexualidade em um de seus sete filhos.[64]

As teorias humanas reducionistas, que visualizam a criatura apenas como a expressão da matéria, têm que ser revistas urgentemente, para que semeemos um futuro melhor para a humanidade, em consonância com as leis naturais ou divinas.

A exclusão social é produto do egoísmo, que deve ser superada com os recursos modernos à disposição da sociedade. Falo não só da modernidade da revolução tecnológica proporcionada pelo conhecimento humano, em seus múltiplos aspectos, mas, sobretudo, do legado dos ensinos cristãos de amor ao próximo, que jamais será ultrapassado, pois está acima dos critérios transitórios do mundo.

---

[63] MODESTO, Edith. *Mãe sempre sabe?* Mitos e verdades sobre pais e seus filhos homossexuais. 2008.

[64] Nota do autor: Para conhecer a autora e seu grupo de ajuda mútua, clique nos *links* <www.edithmodesto.com.br> e <www.gph.org.br>. Último acesso em: 1º nov. 2012. Para fazer contato com a professora Edith Modesto, o endereço eletrônico é <maes-de-homos@uol.com.br>.

Capítulo 9
Lei de conservação

Em 5 de agosto de 2010, o desabamento de uma jazida, ocorrido ao norte do Chile, isolou totalmente do mundo, durante quase três semanas, em condições extremas de insalubridade, desconforto e privação de alimentos e água, 33 trabalhadores, a cerca de 700 m de profundidade. Resgatados com vida dois meses depois pelas equipes de salvamento, eles contaram, em detalhes, a apreensão, a angústia e o medo que experimentaram. O episódio comoveu o mundo todo. As autoridades se mobilizaram, e milhões de dólares foram gastos para salvar os mineiros.

Esse episódio, como tantos outros que acontecem diariamente mundo afora, reforça a ideia inata de que a vida é um bem inestimável e que tem primazia sobre outros valores. Toda vez que o ser humano se encontra em perigo iminente, as forças ocultas do instinto, independente ou conjugadamente com o raciocínio, entram em ação para protegê-lo do possível extermínio. Nesse momento, o princípio inteligente que habita o corpo em perigo reavalia todos os seus valores, elegendo como prioridade a proteção ao bem supremo da natureza: a vida!

E por que a vida é cercada de tantos cuidados pelo Criador? Os Espíritos superiores ensinam que o instinto de conservação é uma das leis da natureza. Ele obriga a criatura a prover às necessidades do corpo, pois, sem força e sem saúde, não consegue realizar o trabalho que lhe compete no concerto evolutivo. Todavia, essa é uma faculdade inerente não apenas ao homem, mas a todos os seres vivos, seja qual for o grau de sua inteligência. Em uns é exclusivamente automático ou inconsciente, enquanto em outros é racional. Sem o instinto, não haveria o aperfeiçoamento das espécies, que têm que concorrer para o cumprimento dos desígnios divinos.

O instinto é a mola propulsora que impele os seres orgânicos à prática de atos espontâneos e involuntários, com vistas à sua conservação. A par do instinto, há a inteligência, que se revela por atos voluntários, premeditados, combinados, de acordo com as circunstâncias. O instinto é um guia seguro, que jamais se engana, enquanto a inteligência, pelo fato de ser livre, está sujeita a erros. À medida que a criatura progride, lentamente o instinto vai dando lugar à inteligência, porém, mesmo na pessoa de intelecto mais avançado, o instinto ainda se manifesta em caráter suplementar.

O princípio inteligente, que *dormita no vegetal, agita-se no animal e desperta no homem*,[65] desde sua origem e em suas primeiras manifestações no plano físico, automatiza, por meio de experiências incontáveis, repetitivas e sucessivas, vivenciadas em organismos progressivamente mais complexos, reações aos impulsos do meio físico, que se vão gravando no perispírito, com o fim de proporcionar a adaptação desses seres ao meio ambiente:

> [...] [os instintos] constituem [...] os fundamentos da vida intelectual; são os mais prístinos e mais duradouros movimentos perispirituais que as incontáveis encarnações fixaram, incoercivelmente, em nosso invólucro fluídico, e, se o verdadeiro progresso consiste no domínio desses instintos brutais, infere-se que a luta seja longa, quão terrível, antes de conquistar esse poderio.[66]

---

[65] DENIS, Léon. *O problema do ser, do destino e da dor*. Cap. IX, 2013.
[66] DELANNE, Gabriel. Apud CAMPETTI SOBRINHO, Geraldo. (Coordenador). *O Espiritismo de A a Z*. Vocábulo "instinto", 2012.

O instinto predomina no animal, que elabora apenas ideias-fragmentos.[67] Nele, a inteligência e a liberdade estão condicionadas pelas necessidades materiais. Por isso, não tem vida moral, ao contrário do que acontece com o homem, que, além da razão e do livre-arbítrio, possui ampla vontade, motivos pelos quais é responsável por seus atos, tanto que se encontra sujeito à lei de causa e efeito.

Se, por um lado, é imposta à criatura humana a necessidade de viver, por outro, Deus concede-lhe os recursos indispensáveis para suprir essa necessidade e suavizar-lhe as lutas. Toda a matéria-prima necessária à alimentação e ao desenvolvimento da indústria e do comércio encontra-se disponível na natureza. À medida que aprimora a ciência, o homem vai descobrindo e ampliando meios de satisfazer seus anseios.

Não se contentando com o necessário, o indivíduo, se egoísta e orgulhoso, lança-se, avidamente, à busca do supérfluo, criando necessidades novas em busca de outras satisfações, que lhe trazem muitas angústias e aflições. É aceitável e natural que procure o seu bem-estar, desde que não incorra em abusos. Atualmente, ainda que de forma tímida, algumas lideranças mundiais vêm propondo ideias, a fim de substituir o modelo de desenvolvimento atual, que é altamente predatório e nocivo ao planeta, por outro que seja economicamente viável, socialmente justo e ecologicamente responsável.

O limite entre o necessário e o supérfluo não é absoluto. O progresso criou necessidades que eram impensáveis no passado, como, por exemplo, as surgidas com o advento dos modernos sistemas de comunicação. Ninguém admitiria, em sã consciência, que a civilização tornasse a viver como nos tempos primitivos. Se ainda existe miséria no mundo, ela se deve aos vícios da organização social, ainda dominada pela ambição e pelo egoísmo. A humanidade não alcançará as metas do sonhado desenvolvimento sustentável, se o progresso tecnológico não estiver atrelado ao progresso ético dos indivíduos.

Como ingredientes do instinto de conservação, há dois grandes aliados da evolução: o prazer e a dor. Se não fosse o prazer, a perpetuação das espécies, por meio da alimentação e da reprodução sexual, estaria em risco. Como visto, Deus concede às criaturas de todos os estágios evolutivos os meios indispensáveis de que necessitam para progredir e

---

[67] XAVIER, Francisco Cândido; VIEIRA, Waldo. *Evolução em dois mundos*. Cap. 10, 2013.

ser feliz, ainda que estejam sujeitas, em determinadas etapas de seu desenvolvimento, à dor-evolução ou à dor-expiação, essa última típica dos homens, que ainda estão aprendendo a utilizar o livre-arbítrio.

Em síntese, o uso dos bens da Terra é um direito de todas as criaturas. Deus colocou atrativos no gozo desses bens para estimular o Espírito encarnado ao cumprimento da sua missão e também para experimentá-lo por meio da tentação. O objetivo dessa tentação é desenvolver-lhe a razão, que deve preservá-lo dos excessos.

Ao lado do prazer, Deus colocou também a dor, que é um aviso da natureza para conter o mau uso que poderia levar à rápida destruição do organismo. Mas há outros meios de controle dos gozos que não apenas pela dor física instantânea. Toda vez que a criatura humana abusa do direito do prazer, pelos excessos que comete, mais cedo ou mais tarde encontrará a resposta das leis naturais, por meio de aflições e doenças, seja na encarnação presente, seja nas encarnações vindouras, conforme as circunstâncias e a intensidade desses abusos, exacerbados em épocas festivas.

Por isso, os Espíritos superiores responderam a Kardec que o homem que procura nos excessos de todo gênero o requinte dos gozos é mais digno de lástima do que de inveja,[68] pois que, ao assim agir, pelo desgaste prematuro do corpo, provoca a antecipação da morte física, acrescida dos sofrimentos morais acarretados pelo remorso.

Ao contrário dos animais, em que os gozos são regulados pelo instinto, o homem, de posse da coroa da razão e do livre-arbítrio, experimenta os prazeres do sexo, do álcool, dos tóxicos e da alimentação, conforme lhe aprouver. Quando se entrega, sem freios, aos deleites da existência física, descontrola-se e muitas vezes ultrapassa os limites do instinto que nele coexiste com a faculdade de raciocinar.

No outro extremo, há pessoas que, em rompantes de fanatismo, se privam, voluntariamente, das coisas, ou afligem o próprio corpo, sem que isso tenha qualquer finalidade útil ou elevada. Esse tipo de privação pouco valor tem, perante Deus, pois há muito mais mérito em fazer bem aos semelhantes. As privações voluntárias meritórias são aquelas que desprendem o homem da matéria e lhe elevam a alma, com a finalidade de auxiliar outros mais necessitados que ele mesmo.

---

[68] KARDEC, Allan. *O livro dos espíritos*. Q. 714, 2013.

Aqueles, porém, que se autoagridem no intuito egoístico de ganharem o "céu", cada vez mais se afastam de Deus, uma vez que estão infringindo a lei natural que nos solicita a conservação do corpo, instrumento indispensável do nosso progresso.

Enfim, todo esforço que empreendermos para viver em harmonia com as Leis divinas será recompensado e começaremos a colher aqui mesmo, na Terra, os benefícios de uma vida sóbria. Desenvolvendo o senso moral, os homens haverão de se prestar mútuo apoio, sem que uns vivam à custa dos outros ou que se autodestruam.

A vitória sobre nós mesmos é a grande batalha diária que travamos em nosso campo íntimo, na árdua tarefa de conciliar os instintos com a inteligência, sem desprezar o cultivo dos sentimentos elevados que nos aproximam de Deus.

Capítulo 10
Lei de destruição

Desde os tempos remotos, há bilhões de anos, quando os primeiros habitantes do orbe ainda eram animálculos unicelulares, abrigados no seio das águas tépidas dos mares, a saga evolutiva dos seres vivos sempre foi marcada pela constante luta pela sobrevivência, em que duelam dois instintos: o da *conservação* e o da *destruição*.

Para sustentar a vida, as criaturas precisam de energia, que encontram nos alimentos. Nessa faina, impulsionadas pelo instinto, entredevoram-se mutuamente. É quando se opera o ciclo de transferência de energia e de nutrientes, que segue numa espiral infinita. Em uma das pontas dessa cadeia estamos nós, que também nos alimentamos dos vegetais e das vísceras dos animais, "nossos irmãos inferiores".[69]

Não bastasse isso, os hóspedes da casa planetária têm, ainda, que enfrentar os flagelos naturais que ameaçam a vida e outros valores, causando grande sofrimento. Essa constatação, impactante a princípio, já

---

[69] XAVIER, Francisco Cândido. *Emmanuel.* Cap. 17, 2013.

nos dá uma ideia da faixa evolutiva em que ainda nos situamos, apesar da idade estimada do planeta em 4,6 bilhões de anos.[70]

Todavia, os mentores celestes, por meio do Espírito André Luiz, informam que o homem lida com a razão há apenas quarenta mil anos, aproximadamente. Assim, cálculos elementares nos levam a concluir que estamos ainda nas primeiras lições da cartilha da vida. Não é sem razão que o comportamento social da criatura humana, blindado com o verniz da civilização, ainda apresenta os atavismos de competição e beligerância: "[...] com o mesmo furioso ímpeto com que o homem de Neandertal aniquilava o companheiro, a golpes de sílex, o homem da atualidade, classificada de gloriosa era das grandes potências, extermina o próprio irmão a tiros de fuzil".[71]

Por isso, a convivência em sociedade, muitas vezes marcada pela opressão e pela violência de todos os tipos contra o semelhante, é interpretada por algumas pessoas com fundamento no célebre aforismo, cunhado pelo filósofo inglês Thomas Hobbes (1588–1679), de que "o homem é lobo homem".

Que razões teria a Sabedoria divina para estabelecer entre os seres vivos, como regra da natureza, a luta pela sobrevivência, a destruição recíproca e a destruição pelos flagelos naturais? Estariam esses princípios em consonância com a bondade e a justiça do Criador? O estudo das leis morais reveladas em *O livro dos espíritos* abre uma ampla visão filosófica e científica, baseada na unidade da criação, na imortalidade, na reencarnação e no progresso dos seres, que permite um entendimento melhor dos propósitos superiores da Inteligência suprema, em que "as aquisições de cada indivíduo resultam da *lei do esforço próprio* no caminho ilimitado da Criação"[72] (grifo nosso):

> [...] Só o conhecimento do princípio espiritual, considerado em sua verdadeira essência, e o da grande lei de unidade, que constitui a harmonia da criação, pode dar ao homem a chave desse mistério e

---

[70] MARTINS, V. T. de S. (bolsista); BABINSKY, M. (profª doutora). Cronologia: O tempo registrado nas rochas. Instituto de Geociências USP. Disponível em: <http://www.igc.usp.br/index.php?id=304>. Acesso em: 1º nov. 2012.

[71] XAVIER, Francisco Cândido. *Libertação*. Cap. 1, 2013.

[72] Id. *O consolador*. Q. 86, 2010.

mostrar-lhe a sabedoria providencial e a harmonia, exatamente onde apenas vê uma anomalia e uma contradição.[73]

O homem começa a perceber que também integra os ecossistemas, tanto que já propugna pela substituição do modelo de desenvolvimento atual, ecologicamente predatório, socialmente perverso e politicamente injusto, por outro sustentável, que tem por divisa progredir sem destruir. Mas será que é possível progredir sem destruir? Em caso afirmativo, onde estariam os limites éticos da destruição? Destruição, no sentido comum, significa extinção, aniquilamento. Sob o ponto de vista espírita, contudo, a lei de destruição é transformação, metamorfose, tendo por fim a renovação e a melhoria dos seres vivos.

A destruição tem dupla finalidade: manutenção do equilíbrio na reprodução, que se poderia tornar excessiva, e utilização dos despojos do envoltório exterior que sofre a destruição: "[...] É esse equilíbrio dinâmico — baseado em sofisticadas engrenagens que regem a vida e a morte — que assegura a perenidade dos ecossistemas e dos seres vivos que neles existem".[74]

A parte essencial do ser pensante (elemento inteligente) é distinta do corpo físico e não se destrói com a desintegração deste. Logo, a verdadeira vida, seja do animal, seja do homem, não está no organismo físico. Está no princípio inteligente, que preexiste e sobrevive ao corpo material, que se consome nesse trabalho, ao contrário do Espírito, que sai daquele cada vez mais forte, mais lúcido e mais apto. Enfim, a vida e a morte, dentro do planejamento divino, se apresentam como faces da mesma moeda:

> [...] a lei de destruição é, por assim dizer, o complemento do processo evolutivo, visto ser preciso morrer para renascer e passar por milhares de metamorfoses, animando formas corporais gradativamente mais aperfeiçoadas, e é desse modo que, paralelamente, os seres vão passando por estados de consciência cada vez mais lúcidos, até atingir, na espécie humana, o reinado da Razão.[75]

---

[73] KARDEC, Allan. *A gênese*. Cap. III, 2009.
[74] TRIGUEIRO, André. *Espiritismo e ecologia*. Cap. "Lei de destruição", 2010.
[75] CALLIGARIS, Rodolfo. Apud ROCHA, Cecília (Organizadora). *Estudo sistematizado da doutrina espírita*. Programa Fundamental. 2014.

O instinto de destruição coexiste com o de conservação, a título de contrapeso, de equilíbrio, para que a primeira não se dê antes do tempo, visto que toda destruição antecipada constitui obstáculo ao desenvolvimento da inteligência, motivo pelo qual Deus fez com que cada ser experimentasse a necessidade de viver e de se reproduzir.

Há dois tipos de destruição: a *destruição natural* e a *destruição abusiva*. A destruição natural opera-se com o objetivo de manter o equilíbrio dos ecossistemas, como, por exemplo, na morte natural dos corpos pela velhice, nos incêndios naturais das matas que dizimam pragas, na erupção de vulcões, nos terremotos, nas cheias dos rios, que regulam os ciclos de renovação da vida.

Os flagelos naturais que ceifam a vida de milhares de pessoas não constituem meros acidentes da natureza, uma vez que o globo não está sob a direção de forças cegas. Ninguém sofre sem uma razão justa. Tais fenômenos representam fator de elevação moral, com vistas à felicidade dos indivíduos. Além de favorecerem o desenvolvimento da inteligência ante os desafios, auxiliam o desabrochar dos sentimentos, tais como paciência, resignação, solidariedade e amor ao próximo. Isto é,

> [...] as comoções do globo são instrumentos de provações coletivas, ríspidas e penosas. Nesses cataclismos, a multidão resgata igualmente os seus crimes de outrora e cada elemento integrante da mesma quita-se do pretérito na pauta dos débitos individuais.[76]

Já a destruição abusiva, que exprime faces diferentes da violência, é aquela provocada de forma predatória, com fins egoísticos, a pretexto de prover o sustento alimentar ou para satisfazer paixões e necessidades supérfluas, a exemplo do consumismo desenfreado, das caçadas de animais, das touradas. Sem embargo da destruição abusiva, o homem também ofende gravemente a Lei divina quando assassina, quando pratica o suicídio e o aborto ilícito de crianças, quando provoca guerras etc.

Os animais, por terem no instinto um guia seguro, somente destroem para satisfação de suas próprias necessidades, mas o homem, dotado de livre-arbítrio, nem sempre utiliza sua liberdade com sabedoria, sujeitando-se ao princípio de causa e efeito.

---

[76] XAVIER, Francisco Cândido. *O consolador*. Q. 88, 2013.

As leis morais na atualidade

As Leis divinas são perfeitas! A necessidade de destruição tende a desaparecer, à medida que o homem (Espírito encarnado), pela evolução intelectual e moral, sobrepuja a matéria. À proporção que adquire senso moral, vai desenvolvendo a sensibilidade e tomando aversão à violência. É quando passa a ver no seu semelhante não mais o "lobo", mas o companheiro necessitado de amparo e de solidariedade. Entretanto, ainda que se despoje dos sentimentos belicosos, o homem, até que desenvolva plenamente o Espírito, sempre estará sujeito aos desafios da luta humana, cuja superação depende do trabalho, do esforço, da experiência e do conhecimento: "[...] Mas, nessa ocasião, a luta, de sangrenta e brutal que era, se torna puramente intelectual. O homem luta contra as dificuldades, não mais contra os seus semelhantes".[77]

Há, da parte das instituições, grande preocupação com o desequilíbrio ambiental, com o crescimento demográfico e as desigualdades sociais, com a miséria, a criminalidade, a corrupção. As medidas tópicas, de ordem econômica, tecnológica, muitas delas com a utilização da força bruta, não alcançam as verdadeiras causas do problema, que estão na ausência de educação moral do Espírito, educação essa que deve iniciar desde a infância como forma preventiva.

É possível colher os benefícios de uma vida sóbria, sem necessidade de agir com violência ou de destruir o próximo: "A vida é muito menos uma luta competitiva pela sobrevivência do que um triunfo da cooperação e da criatividade".[78] Que o homem não se iluda: sem dominar a si mesmo, ele jamais dominará a natureza.

---

[77] KARDEC, Allan. *A gênese*. Cap. III, 2013a.
[78] CAPRA, Fritjof. Apud NOBRE, Marlene. *O clamor da vida*. "Reflexões contra o aborto intencional". 2000.

Capítulo 11
Da guerra à paz

Muitas teses sociológicas e antropológicas já foram elaboradas para detectar as causas da violência. Uns atribuem a violência à miséria ou à pobreza; outros, à falta de instrução, à mídia, às drogas, ao fanatismo, à superlotação dos presídios etc. Mas onde estaria, realmente, a causa deste mal que ultimamente apresenta sintomas de pandemia?

Detectadas as origens do problema, existiria solução para ele? A instituição de medidas radicais, para conter a violência, ou o endurecimento das leis, seria o bastante, como defendem alguns especialistas?

Entre todas, uma das facetas mais cruéis da violência é a guerra. Etimologicamente, a palavra "guerra" sempre esteve ligada à discórdia, à luta. Derivada do latim *bellum*, deu origem ao adjetivo "belicoso" ou "beligerante", isto é, o estado de ânimo daquele que habitualmente é hostil para com o semelhante.

No sentido trivial, a guerra geralmente é definida como "qualquer combate, com ou sem armas" ou ainda a "luta armada entre nações, ou entre partidos de uma mesma nacionalidade ou de etnias diferentes..."[79]

E o que desejam os que fazem a guerra? O objetivo da guerra é a imposição da vontade de um dos adversários, por meio da força. Ou, ainda, é "impor supremacia ou salvaguardar interesses materiais ou ideológicos".[80]

Os Espíritos superiores, ao tratarem da lei moral de destruição,[81] projetaram luz sobre esta tormentosa questão: a guerra é o resultado das paixões exacerbadas do homem, em virtude da predominância da natureza animal sobre a natureza espiritual.

A História relata que, nos primórdios, a guerra era um estado normal para o homem bárbaro, que procurava impor-se ao seu semelhante por intermédio da força bruta. Ante a ausência de normas para regular as relações sociais, prevalecia a vontade do mais forte. Apesar do admirável progresso humano em todos os setores, inclusive com o advento do estado de direito, das legislações democráticas, ainda persistem as guerras, a violência, embora apresentando características diferenciadas.

Há aqueles que defendem a existência das guerras como elemento indispensável ao progresso humano. Só a esse custo poderemos nos libertar do atraso intelecto-moral?

Não há dúvida de que as guerras interferem na História e produzem repercussões importantes sobre a organização política, econômica e social dos povos e das nações. Talvez por isso os mentores da Codificação tenham alertado que o objetivo da Providência ao permitir a guerra é a conquista da liberdade e do progresso. Ocorre que muitas vezes o vencedor submete o vencido. Nesse caso, os mentores esclarecem que tal submissão é momentânea, pois induz os povos a progredirem mais depressa. É quando nos deparamos com a lei de causa e efeito, que traduz a infalível Justiça divina.

Enquanto o homem persistir nos seus vícios, continuará pagando pesado tributo moral, que lhe granjeará o aprendizado mediante a dor

---

[79] HOUAISS, Antônio; VILLAR, M. de S.; FRANCO, F. M. de M. *Dicionário Houaiss da língua portuguesa*. Verbete "guerra", 2009.

[80] Id. Ibid.

[81] KARDEC, Allan. *O livro dos espíritos*. Q. 742-745, 2013.

e o sofrimento. Por isso, não estão isentos de culpa aqueles que lançam a humanidade em combates sangrentos, por ambição. Os flagelos destruidores provocados pelo ser humano representam grave infração às leis morais. Nesse caso, muitas existências lhe serão necessárias para expiar todos os crimes de que haja dado causa.

Se, por um lado, a guerra traz seus benefícios, por outro, os efeitos colaterais dela, sobretudo aqueles de longo prazo, são tantos e tão rigorosos que não se pode dizer que haja vencidos ou vencedores. Muitos dos responsáveis pelas guerras e os que delas abusam vinculam-se a laços cármicos até que se quitem perante as leis eternas, por meio dos sábios mecanismos instituídos pelo Criador, entre eles o da reencarnação, que reúne os adversários de ontem nos sagrados laços das pátrias e das famílias de hoje.

Agora que Jesus nos enviou o Consolador, que é o Cristianismo Redivivo, para restabelecer todas as coisas, prescindimos da divisão e da espada, como exarado na parábola da estranha moral: "à guerra sucederá a paz; ao ódio dos partidos, a fraternidade universal; às trevas do fanatismo, a luz da fé esclarecida".[82] Por isso, os Espíritos superiores esclarecem que a guerra desaparecerá da face da Terra quando os homens compreenderem a justiça e praticarem as Leis de Deus. Ora, se ainda há tanta violência na Terra, exacerbada nestes tempos de transição, é porque ainda não estamos vivenciando o suficiente esses princípios.

Pondere-se, de outro lado, que o indivíduo não é culpado pelos assassínios que comete durante a guerra, quando constrangido a lutar, a conservar a própria vida, mas é culpado pelas crueldades e pelos abusos em que incidir. Em compensação, é-lhe contado a favor o sentimento humanitário com que age em tais circunstâncias.

Espíritos de ordem inferior recebem a oportunidade de encarnar e reencarnar entre homens adiantados, para que também progridam, o que explica a existência, no seio da civilização mais evoluída, de criaturas selvagens e de criminosos endurecidos, fatores que igualmente induzem ao aperfeiçoamento das instituições humanas.

Convém ressalvar, contudo, que a guerra, por extensão de sentido, não é apenas aquela em que as nações disputam os chamados interesses

---

[82] KARDEC, Allan. *O evangelho segundo o espiritismo*. Cap. XXIII, 2013.

da soberania, mas são também os conflitos particulares entre os indivíduos na convivência em sociedade:

> [...] os males mais numerosos são os que o homem cria pelos seus vícios, os que provêm do seu orgulho, do seu egoísmo, da sua ambição, da sua cupidez, de seus excessos em tudo. Aí a causa das guerras e das calamidades que estas acarretam, das dissensões, das injustiças, da opressão do fraco pelo forte, da maior parte, afinal, das enfermidades.[83]

No início da década de 1990, em visita ao campo de concentração e trabalhos forçados em Mauthausen, na Áustria, onde foram ceifadas quase 130 mil vidas, entre os milhões de pessoas que padeceram durante a Segunda Guerra Mundial (1938–1945), o médium Divaldo Pereira Franco sentiu a psicosfera ambiente depressiva e umbralina, como se a dor, o lamento e o desespero se perpetuassem ali, no plano invisível, assinalado por sombras indizíveis. Nesse momento, ecoou na consciência do médium a seguinte pergunta, que é a mesma de todos nós: "Por que será que o homem é tão impiedoso, e explodem essas guerras?" E a resposta veio sem demora:

> Porque ainda não tivemos a coragem de lutar contra as nossas paixões; porque ainda cultivamos as pequenas guerras; porque ainda mantemos as nossas pequenas violências, não nos dulcificamos interiormente, não deixamos que o amor nos tranquilize.
> [...] De alguma forma, a guerra que acabou lá fora necessita de acabar dentro de nós, pois que só há uma guerra exterior, porque vivemos em conflito íntimo constante, e esses crimes somente são cometidos quando há uma adesão enorme de criminosos.
> Um Ayatolá Komeini, um Hitler, um Stalin e outros somente lograram seus tentames porque havia minis Komeinis, Hítleres, Stalins que, ao grito para o crime, aderiram em massa e cometeram atrocidades, esperando apenas a voz de comando.
> Para que esses crimes saiam da Terra, é necessário que comecemos em nós o trabalho de instalação do reino de Deus, da piedade

---

[83] KARDEC, Allan. *A gênese*. Cap. III, 2013.

fraternal, da tolerância, da benignidade e do amor, para que crueldades como essas que aí estão na TV, em todo o instante, nunca mais [aconteçam].[84]

Conclui-se, portanto, que o estado íntimo das pessoas, as guerras individuais, consistentes em duelos de pensamentos, de palavras e de ações, por mais insignificantes pareçam, contribuem para o agravamento da violência, que é retroalimentada pela ação obsessiva recíproca de Espíritos, encarnados e desencarnados, em permanente conúbio, que se encontram na mesma sintonia. A tecnologia, as medidas legislativas, administrativas e sociais, isoladamente, não solucionarão, por si, esses graves problemas que afligem a civilização, enquanto o ser humano não secar a fonte da violência e da ignorância que reside em si próprio. Por isso, nunca foi tão urgente a revisão da nossa conduta ética, em todos os sentidos:

> Quando a caridade regular a conduta dos homens, eles conformarão seus atos e palavras a esta máxima: "Não façais aos outros o que não gostaríeis que vos fizessem". Então, desaparecerão todas as causas de dissensões e, com elas, as dos duelos e das guerras, que são os duelos de povo a povo.[85]

São válidos os movimentos sociais, por meio dos quais rogamos providências às autoridades em favor da paz. Entretanto, eles sozinhos são insuficientes. A construção da paz começa em nossos lares, no trabalho preventivo de educação de nossos filhos e da nossa própria, que tem no ensino religioso um grande aliado.

---

[84] FRANCO, Divaldo Pereira; SCHUBERT, Suely C. *Ante os tempos novos*. Cap. 5, 1994.
[85] KARDEC, Allan. *O evangelho segundo o espiritismo*. Cap. XII, 2013.

Capítulo 12
Reflexões sobre a pena de morte

Por que a pena de morte tem-se revelado instrumento ineficaz para combater a violência? Essa é uma questão que intriga estudiosos da penologia. O que é um enigma para esses pesquisadores não o é para aqueles que já compreenderam um princípio espírita básico: destruir o corpo físico do infrator não elimina o problema, exacerba-o, perpetua-o. Utilizando esse método insidioso, situamo-nos na condição do bombeiro que tentasse apagar um incêndio com produto inflamável. Antes, porém, de examinar estes aspectos da lei de destruição,[86] que é o nosso propósito neste capítulo, convém analisar o assunto sob outros prismas.

Com a adoção da pena de morte, surge um dilema filosófico grave, pois, quando o Estado implanta a pena de morte, adere ao criminoso, equipara-se ou torna-se pior do que ele, assumindo abominável papel de "vingador oficial". As estatísticas demonstram que a pena de morte não

---
[86] KARDEC, Allan. *O livro dos espíritos*. Q. 760 a 765, 2013.

tem efeito intimidativo. Criminosos endurecidos geralmente temem menos a morte do que o cárcere. A experiência comprova que, nos países em que foi implantada a pena de morte, a violência não arrefeceu. Pelo contrário! No Brasil, não se tem notícia de seus resultados benéficos, durante os quatro séculos em que vigorou por aqui. À lei cabe eliminar o crime, as causas que o fomentam, não o equivocado criminoso.

Se a pena de morte tem alguma utilidade, é também a de servir como arma política para perseguir os desafetos do regime, como aconteceu no caso da morte de Tiradentes, que deu a sua vida pela independência do Brasil, na chamada Inconfidência Mineira.

Não bastasse tudo isso, a pena de morte provoca danos irreversíveis, nos casos de erros judiciários, que são muitos, mesmo nos países mais desenvolvidos, porquanto o Estado é impotente para devolver a vida ao condenado, a qual não se resgata com um punhado de dinheiro, nos volumosos e intermináveis processos de indenização.

Os arquivos forenses da Nação registram casos-padrão de erros judiciários, como o de Manoel Mota Coqueiro, levado ao patíbulo, no fim do século XIX, pela falsa acusação de ter cometido chacina contra uma família inteira. E também o dos irmãos Naves, no século seguinte, condenados injustamente à pena de reclusão pelo assassinato de um primo que, na verdade — descobriu-se depois —, não morreu nem foi vítima de qualquer violência.

Se uma das finalidades da pena é educar o criminoso pela reparação do ato vil, o lado cruel da pena capital é que a morte do condenado inutiliza esse objetivo da sanção. Não é à toa que ela vem sendo suprimida em muitos países, o que confirma o vaticínio dos Espíritos superiores quanto à necessidade de sua extinção no decorrer dos séculos.

A tendência do Direito Processual Penal moderno é evitar ao máximo penas privativas de liberdade e privilegiar penas alternativas, de caráter educativo, vinculadas ao erro cometido pelo infrator, como forma de estimular a solidariedade, de fazê-lo refletir sobre o ato praticado ou sobre a ofensa causada no próximo, a fim de se evitar a reincidência. No mesmo sentido, caminha a chamada Justiça Restaurativa, em que os envolvidos no crime, com o apoio de mediadores, estabelecem um canal de comunicação, com o objetivo de facilitar a reparação dos danos e a restauração das relações sociais.

Esse tipo de reprimenda é geralmente recomendado para infrações penais de menor potencial ofensivo, em que o indivíduo se obriga, por exemplo, a executar trabalhos em hospitais e em entidades assistenciais, a frequentar aulas de cursos específicos, entre outras iniciativas de cunho educativo. Nessa hipótese, as penas prisionais são reservadas somente para os crimes mais graves, em que realmente há necessidade de se isolar o infrator reincidente e perigoso. Mesmo para aqueles que permanecem reclusos, o tratamento pode ser aperfeiçoado, com a terceirização de presídios, de forma que os internos estudem, trabalhem e ajudem a si mesmos, na sua disciplina e autocorrigenda, deixando, assim, de serem considerados um peso para o Estado.

Em abono dos argumentos corriqueiros ora expostos, que desaconselham a implantação da pena de morte, encontramos no Espiritismo explicações ainda mais convincentes e racionais, sempre em harmonia com as leis divinas ou naturais.

A pena capital não é útil nem justa, porque a morte não existe. Ela provoca efeito contrário ao desejado. O executado expulso da prisão do corpo físico, se for um Espírito rebelde e ignorante, utilizará a liberdade para incitar ou açular ainda mais a prática de novos crimes no seio da sociedade, por intermédio do fenômeno psíquico conhecido no meio espírita como *obsessão*, um dos grandes vetores da criminalidade em todo o mundo. Não sem razão Jesus preconizou o "vigiai e orai"[87] como vacina contra as quedas morais.

Consoante ensinam os mentores espirituais, há outros meios de a sociedade se preservar do perigo que não matando, sendo necessário abrir e não fechar ao criminoso a porta do arrependimento e da recuperação.

A Pena de Talião, sob a ótica das Leis divinas, não tem por escopo a vingança ou a punição, como geralmente se infere da frase bíblica "olho por olho, dente por dente".[88] Ela espelha o critério perfeito de equivalência ou proporcionalidade entre a infração cometida e a pena, com finalidade pedagógica. Contudo, somente o Criador tem legitimidade para aplicá-la, tendo como um dos instrumentos mais importantes a reencarnação. Esse é o sentido verdadeiro das palavras de Jesus, que também nos recomendou perdoar os inimigos. Todos cumprimos essa pena

---

[87] MATEUS, 26:41.
[88] MATEUS, 5:38.

a cada instante, pois respondemos por nossos erros, nesta existência ou em outra. Aquele que foi causa do sofrimento para seus semelhantes virá a achar-se numa condição em que padecerá o que tenha feito sofrer o outro. Encarnados em um planeta de provas e expiações, assemelhamo-nos aos condenados em regime condicional no internato da existência física, submetidos a diversas restrições.

O retorno de criminosos perversos ao cenário físico, por meio da reencarnação, tem seu lado positivo, pois, ao mesmo tempo em que compele as instituições humanas ao aperfeiçoamento, favorece a regeneração dos infratores pelo contato com uma sociedade melhorada, atenuando os rigores da lei de causa e efeito.

A chave para combater a violência passa, necessariamente, através da transformação moral dos homens. Ao lado da justa repressão, por meios civilizados, é preciso também combater as causas e não apenas os efeitos dos crimes, num *trabalho preventivo permanente* de amparo, assistência e orientação das crianças, sobretudo as carentes, não só no aspecto material e social, mas principalmente no âmbito moral.

Nunca se enunciou uma verdade tão contundente como a do antigo provérbio: *Educai as crianças, para que não seja preciso punir os adultos.* Por isso, cada um de nós pode e deve fazer a sua parte, iniciando desde cedo pela educação espiritual dos próprios filhos, principalmente se considerarmos que, nos últimos tempos, também se avolumam os crimes graves cometidos por pessoas instruídas e de situação financeira estável, o que demonstra que a causa dos delitos não reside apenas na pobreza e na ignorância intelectual.

Em face dos que são contrários à pena de morte, alguns argumentam: "se a vítima da violência fosse o seu filho, certamente você não pensaria assim", mas se esquecem de olhar o reverso da medalha: "e se o condenado fosse o seu filho, você continuaria a defender a pena de morte?" O exemplo de causa própria não serve, porque somos todos ainda muito imperfeitos e por enquanto não aprendemos a ciência do perdão autêntico. Ao enunciar a máxima evangélica "quando alguém vos bater na face direita, oferecei a outra",[89] Jesus não interditou a legítima defesa, apenas condenou a vingança.

---

[89] MATEUS, 5:39.

Quando os cidadãos contribuem para a implantação da pena de morte e de outras leis atentatórias à dignidade humana e à vida, como no caso do aborto e da eutanásia, seja votando a seu favor nos plebiscitos, seja elegendo parlamentares que criem ou apoiem a aprovação dessas leis, seja se omitindo no combate dessa prática, assumem débitos morais coletivos lamentáveis, em detrimento de seu futuro espiritual.

A regeneração da humanidade dá-se pelo gradativo aperfeiçoamento moral dos indivíduos. Por isso, a família e a religião (essa no sentido puro) exercem papel determinante, que não compete somente à escola realizar.

Incumbe-nos corrigir as mazelas da alma, que não são poucas. Muitos de nós ainda abrigamos os germes das tendências criminosas do pretérito, ocultas na personalidade. Não raro, só não incidimos em grandes infrações por falta de oportunidade, já que as pequenas as cometemos quase todos os dias. Se, pela imperfeição humana, a lei terrena deixa de alcançar muitos crimes praticados pelos homens, de modo algum estes escaparão aos rigores da Lei divina insculpida na consciência.

Somente a educação, o tempo, o amor — e muitas vezes a dor — serão capazes de redimir o Espírito ainda mau e atrasado. Se perseverarmos no bem, um dia lograremos ser juízes de nós mesmos e alcançaremos a felicidade sem jaça haurida na *paz de consciência do dever cumprido*.

Capítulo 13
Lei de sociedade

Que impactos sofreria uma pessoa que conseguisse viver completamente isolada da sociedade por dilatado tempo? No romance Robinson Crusoé, o escritor Daniel Defoe (1660–1731) conta a história de um jovem marinheiro inglês, que, depois de um naufrágio, foi compelido a viver só em uma ilha durante quase trinta anos. Na obra, o autor narra as peripécias vividas pelo personagem que enfrenta grandes dificuldades para sobreviver, alheio aos valores e intercâmbios sociais, até descobrir que não está só.

No filme *Náufrago*, o personagem vivido pelo ator Tom Hanks, no papel de Chuck Noland, engenheiro de sistemas de uma multinacional de entrega de encomendas, experimenta semelhantes problemas ao se ver isolado por cerca de quatro anos em pequena ilha, como único sobrevivente à queda de um avião. Para driblar a solidão e passar o tempo, adota como companhia uma bola de vôlei, remanescente dos destroços do acidente aéreo, com a qual passa a "dialogar". Em condições normais, qualquer pessoa que assim agisse seria tachada de louca, por conversar com um objeto, mas não para ele, que se encontrava em situação de extremo isolamento.

Para surpresa dos conterrâneos, que acreditavam na morte de Noland, ele retorna à civilização, depois de ser resgatado por um navio, mas encontra um ambiente totalmente modificado. A noiva de então contraiu núpcias com outro homem, o ambiente de trabalho já não era mais o mesmo. Por esses e outros motivos, vê-se compelido a repensar valores e a recomeçar a vida.

Histórias como essas, embora urdidas na mente criativa dos escritores e algumas vezes inspiradas na realidade, fazem-nos refletir sobre a finalidade e a importância da vida social, bem como da comunicação, às quais nem sempre damos o devido valor.

A vida em sociedade é uma necessidade básica do ser humano. Trata-se de uma lei da natureza, conforme a qualificam os guias da humanidade, no capítulo VII, livro III, de *O livro dos espíritos*. Atribui-se a Aristóteles, filósofo da Antiguidade, o aforismo "o homem é um animal social". E com razão! Ser gregário por natureza, o homem sempre viveu em sociedade, sociabilidade que é instintiva em todos nós.

Não conseguimos viver sem o outro. Por isso, os mentores espirituais ensinam que o isolamento absoluto é contrário à natureza. De fato, o progresso é fruto da interação e da colaboração entre as pessoas. Ninguém evolui sozinho. Como os seres humanos não possuem aptidões iguais nem faculdades completas, precisam uns dos outros, da união social que lhes assegura bem-estar e progresso.

Da mesma forma, a construção do bem não é obra de um homem só. Toda conquista nesse setor é fruto do esforço continuado dos Espíritos, que se revezam, de reencarnação em reencarnação, com a missão de dar seu contributo para as gerações futuras, no permanente esforço da implantação do reino de Deus na Terra, uma vez que "a evolução requer da criatura a necessária dominação sobre o meio em que nasceu".[90]

De retorno ao plano físico que um dia deixou, vai encontrá-lo modificado, transformado, para pior ou para melhor, conforme semeou com suas atitudes no passado. E se reunirá, por afinidade, no santuário da família e em outros núcleos sociais, às pessoas com as quais precisa

---

[90] VIEIRA, Waldo. *Conduta espírita*. Cap. 9, 2013.

compartilhar para se desenvolver, resgatar seus débitos, encetar o seu progresso ou dar-lhe continuidade.

Fala-se muito dos aspectos positivos da biodiversidade, da qual dependeria a sobrevivência da humanidade. Com o homem não é diferente. A riqueza da diversidade social é o trunfo da civilização e do progresso. Isso nos mostra a sabedoria divina em nos fazer únicos, diferentes, embora sejamos iguais na essência. Parece contraditório, mas a diferença que poderia, em princípio, ser um pretexto para nos separar, na verdade serve para nos unir. Além disso, a vida em sociedade, que congrega pessoas de várias faixas evolutivas, proporciona aos mais fortes a oportunidade de amparar os mais fracos, o que, aliás, é um dever imposto pela própria consciência.

Entretanto, a vida em sociedade tem suas imposições. É que nem sempre é fácil compartilhar experiências com o próximo. Onde vivem duas ou mais pessoas, existem limites a ser respeitados, regras a ser observadas, porque o direito de um indivíduo termina onde começa o do outro. Por isso, com o passar do tempo e o aumento da população, o homem sentiu necessidade de criar normas de conduta, de acordo com as suas necessidades, sua cultura e evolução, de modo a regular os conflitos de interesses que surgem dessas relações sociais, que dependem, para o seu desenvolvimento, de um processo de comunicação cada vez mais eficaz.

Porém, não basta comunicar. É preciso saber comunicar e com que objetivo. E essa é uma ciência da qual ainda somos trôpegos aprendizes. Inscientes de que o dom da comunicação nos foi concedido como meio de aproximação e entrosamento, para o aprimoramento da vida em sociedade, não raro dela abusamos, utilizando-a como instrumento de domínio, a fomentar discórdias e insegurança.

Possuindo os indivíduos habilidades e talentos variados, é natural que entre eles haja dissensões oriundas de pontos de vista diferentes. Contudo, se tiverem humildade e disposição, as chances de entendimento aumentarão, pois sempre é possível aprender algo com alguém, não importa sua classe social, o nível de seu intelecto, a faixa etária, a raça ou o sexo. O grande desafio está em aproveitar essas diferenças em favor do bem coletivo.

Apesar disso, ainda existem ordens religiosas, cada vez mais raras, que se isolam, a pretexto de servir a Deus, o que caracteriza "uma fuga injustificável às responsabilidades do dia a dia".[91] Outras, além do isolamento, adotam o chamado "voto de silêncio absoluto", olvidando que a palavra é uma faculdade necessária à vida de relação concedida pelas Leis divinas. Somente o abuso é condenável, pelo qual sempre respondemos.

Não se nega, todavia, a utilidade do silêncio, nas meditações, nas preces, com a finalidade de proporcionar contato mais proveitoso com os valores espirituais. Ele é necessário, quando oportuno, porque pelo silêncio interior criamos condições de nos comunicar mais claramente com os nossos protetores espirituais que nos amparam em nossa jornada evolutiva. Contudo, esse isolamento é cíclico e por tempo reduzido, tendo por finalidade retemperar nossos sentimentos e pensamentos, com vistas à continuidade da vida em sociedade, que reclama o contato permanente com os nossos semelhantes.

Ressalve-se, porém, a atitude daqueles que buscam no insulamento a realização de certos trabalhos, com o objetivo de servir à humanidade, no campo científico ou em outro qualquer, os quais também exigem renúncia e solidão: "Esse não é o retiro absoluto do egoísta. Eles não se isolam da sociedade, já que trabalham para ela".[92]

O progresso enorme dos meios de comunicação, a expansão do comércio, a globalização e o aumento da concentração do número de pessoas nas cidades, entre outros fatores, têm contribuído para o surgimento de problemas de difícil solução, tais como a poluição ambiental, a miséria, a desigualdade social, a criminalidade, as drogas, o desemprego, o racismo, as doenças sexualmente transmissíveis, entre outros.

Essas questões sociais exigem do homem moderno a necessidade cada vez maior de adaptação ao meio ambiente, tendo em vista o aprimoramento das relações sociais, e se constituem mesmo num gigantesco desafio aos governos, aos estudiosos e especialistas. Entretanto, os homens somente resolverão esses graves problemas, em definitivo, quando adotarem as virtudes ensinadas por Jesus:

> Toda a moral de Jesus se resume na caridade e na humildade, isto é, nas duas virtudes contrárias ao egoísmo e ao orgulho. Em todos

---

[91] FRANCO, Divaldo Pereira. *Leis morais da vida*. Cap. 31, 1999.
[92] KARDEC, Allan. *Evangelho segundo o espiritismo*. Cap. XV, 2013.

os seus ensinos, Ele aponta essas duas virtudes como sendo as que conduzem à eterna felicidade [...].[93]

Quando os homens as adotarem como regra de conduta e como base de suas instituições, compreenderão a verdadeira fraternidade e farão que entre eles reinem a paz e a justiça.[94]

Enfim, a lei de sociedade é a pedagogia de que se serve a Inteligência suprema para educar as criaturas, a fim de que elas conquistem por si mesmas a perfeição que lhes está destinada por herança divina.

A vida em sociedade, gostemos ou não, é uma imposição da natureza, que nos conclama à solidariedade e nos impulsiona ao progresso intelectual e moral, enquanto o isolamento sufoca e embrutece o homem em todos os sentidos.

---

[93] KARDEC, Allan. *O evangelho segundo o espiritismo*. Cap. XI, 2013.
[94] Id. *O livro dos espíritos*. Q. 701, 2013.

Capítulo 14
Família — esteio da sociedade

Que razões teriam levado o insigne Codificador, Allan Kardec, a incluir o tema "família" no capítulo "Lei [moral] de Sociedade", em *O livro dos espíritos*? Será apenas porque o estudo da família pertence ao âmbito da Sociologia? Essa é uma indagação bem instigante, que merece algumas reflexões.

Convém iniciar, recordando que, em 1994, a ONU instituiu o Ano Internacional da Família em seu calendário oficial, cujo lema foi "construir a pequena democracia no coração da sociedade", o que demonstra a importância da família para o mundo contemporâneo, conquista nobre do processo antropológico-sociológico.

A família é instituição que remonta às origens da humanidade e que varou os milênios, preservando seus valores essenciais. O homem, ser gregário, movido pelo instinto de conservação, desde os tempos primevos, sentiu a necessidade de viver em grupos como forma de vencer os desafios da sobrevivência.

Forjados no decorrer dos milênios, sob as mais penosas e variadas circunstâncias, os núcleos sociais foram moldando os valores culturais de cada época, gerando a certeza de que a criatura, isolada, nada pode, o que confirma o aforismo de que "o homem não é uma ilha". Entretanto, essa convivência, para ser pacífica e indutora do progresso intelecto-moral, depende do entrosamento entre os indivíduos.

Com o tempo, a experiência mostrou que esse intercâmbio não seria profícuo se permanecesse na promiscuidade dos primórdios, sob o risco de as criaturas perderem seus referenciais e comprometerem sua própria identidade. É quando o homem se descobre também como um ser moral, receptível à monogamia[95] e sujeito aos valores éticos. Baseado em estudos e pesquisas, Frans de Waal, primatologista holandês, concluiu: "É um erro [...] julgar que a moralidade do homem surgiu do nada ou que é somente um produto da religião e da cultura."[96]

Assim, estimulada por diversos fatores, externos e internos, e organizada em pequenos núcleos familiares, a população foi aumentando, até que descobriu no casamento "um progresso na marcha da humanidade".[97] É claro que todo esse conjunto de fatores não se deu aleatoriamente, mas ocorreu sob a supervisão de um planejamento espiritual superior: "[...] Os laços sociais são necessários ao progresso e os de família tornam mais apertados os laços sociais: eis por que os laços de família são uma lei da natureza. Quis Deus, dessa forma, que os homens aprendessem a amar-se como irmãos".[98]

A família apresenta-se como uma sociedade em miniatura, que lhe garante o *status* de berço da civilização. Ela é para a sociedade o que a célula é para o organismo: mantém sua individualidade e autonomia, mas interage com a outra em constante interdependência.

Para grande parte das pessoas, a família continua sendo vista apenas como a reunião de indivíduos do mesmo sangue. Refletindo essa visão reducionista da família, alguns estudiosos terrenos conceituam-na como "um grupo social caracterizado por residência comum, coopera-

---

[95] KARDEC, Allan. *O livro dos espíritos*. . Q. 701, 2013.
[96] WAAL, Frans de. *Revista Veja*. Entrevista (páginas amarelas): A moral é animal, 22 ago. 2007.
[97] KARDEC, Allan. Op. Cit. Q. 695, 2013.
[98] Id. Ibid. Q. 774.

ção econômica e reprodução", ao qual se reconhecem quatro funções fundamentais: "a sexual, a econômica, a reprodutiva e a educacional. A primeira e a terceira são importantes para a manutenção da própria sociedade, a segunda para a manutenção da vida e a quarta para a manutenção da cultura".[99]

A Doutrina Espírita, porém, expande esse conceito, mostrando-o não só do ponto de vista material, mas apresentando-o sob uma nova perspectiva:

> [...] Os verdadeiros laços de família não são, pois, os da consanguinidade e sim os da simpatia e da comunhão de pensamentos, que prendem os Espíritos antes, durante e depois de suas encarnações. [...]
>
> Há, pois, duas espécies de famílias: as famílias pelos laços espirituais e as famílias pelos laços corpóreos. As primeiras são duráveis e se fortalecem pela purificação, perpetuando-se no mundo dos Espíritos através das várias migrações da alma: as segundas, frágeis como a matéria, se extinguem com o tempo e muitas vezes se dissolvem moralmente, já na existência atual. [...][100]

Com a propagação do conceito reencarnatório, difundido pelo Espiritismo, o instituto da família tornou-se mais transparente, demonstrando que os vínculos existentes entre as gerações não se rompem com a morte física. Pelo contrário, continuam por meio dos sucessivos processos de renascimento.

O benfeitor espiritual Emmanuel resume, em perfeita concisão, que o instituto da família é organizado no plano espiritual, antes de projetar-se na Terra:

> O colégio familiar tem suas origens sagradas na esfera espiritual. Em seus laços, reúnem-se todos aqueles que se comprometeram, no Além, a desenvolver na Terra uma tarefa construtiva de fraternidade real e definitiva.[101]

---

[99] MURDOCK, G. P. Apud *Enciclopédia Mirador Internacional*. Verbete "Família".
[100] KARDEC, Allan. *O evangelho segundo o espiritismo*. Cap. XIV, 2013.
[101] XAVIER, Francisco Cândido. *O consolador*. Q. 175, 2013.

Portanto, a missão da família transcende os valores puramente materiais, restritos ao desenvolvimento econômico e cultural. Sua missão é a de estreitar os laços sociais, o que é feito por meio da reencarnação, que vem a ser o filtro pelo qual os Espíritos se aprimoram, progridem, proporcionando a depuração gradual da sociedade.

É, pois, nos lares que se moldam as famílias. Não se confunda, porém, casa com lar. A casa é a edificação material: o alicerce, as paredes, o telhado... Já o lar é a edificação espiritual: a reunião de pessoas, com finalidades evolutivas, onde se exercita o perdão, a renúncia, a abnegação, a cooperação mútua, elementos imprescindíveis à construção do amor: "A melhor escola ainda é o lar, onde a criatura deve receber as bases do sentimento e do caráter".[102]

Reportando-se ao dever de cada um, perante o núcleo familiar, Jesus ensinou que "todo aquele que faz a vontade de Deus (isto é, que observa a lei de amor, consagrada nas leis morais), esse é meu irmão, minha irmã e minha mãe",[103] independentemente dos laços consanguíneos.

Com frequência, são realizados estudos sociais e pesquisas sobre a família e sobre o casamento.[104] Eles sempre indicam que os valores familiares continuam em alta na sociedade moderna, acima até mesmo do trabalho ou da carreira profissional.

Tais estudos apenas vêm corroborar a exatidão e a excelência dos ensinos de Jesus, ministrados há vários séculos, reforçando o pensamento espírita de que a família não está em decadência, como se acredita.

Muitos foram os testes pelos quais a família passou e vem passando, por conta das guerras, das tentativas de dominação político-religiosa, do materialismo e até por conta dos avanços científicos, marcados pelas conquistas tecnológicas, que revolucionam os costumes e influenciam na elaboração das leis.

---

[102] XAVIER, Francisco C. Q. 110, 2010.

[103] Mateus, 12:46-50.

[104] Nota do autor: Valores familiares estão em alta na Europa, aponta pesquisa. *Folha Online (Reuters, Paris)*. Disponível em <http://www.uol.com.br/folha/reuters/ult112u18731.shl>. Acesso em 2 nov. 2012; VEIGA, Aida; GRANATO, Alice. *Revista Veja* Família: O casamento morreu. Viva o casamento!, 11 ago. 1999; BRASIL, Sandra. Comportamento: *Revista Veja* Vale a pena consertar?, 8 mar. 2006; MARTHE, Marcelo. *Revista Veja*.Casamento: Por que ele continua a valer a pena?, 2010; GOTTMAN, John. *Inteligência emocional e a arte de educar nossos filhos*.1997.

Esses e outros fenômenos, aos quais a família se adapta de forma surpreendente, não foram capazes de invalidar a sua importância e indispensabilidade no concerto das nações globalizadas. Isso vem confirmar que a solidez de suas estruturas deita raízes nas leis divinas ou naturais, demonstrando mais uma das facetas de sua missão: sublimar os sentimentos, que estão acima das etiquetas sociais, dos brasões familiares, das tradições e dos costumes, os quais dão origem às culturas transitórias do preconceito e da ilusória supremacia de raças e de povos.

Se a família é o nosso dever imediato, a humanidade é o nosso campo de serviço. Fugir do lar em nome da humanidade, por egoísmo, é abandonar o dever, dando como desculpa o dever. Desprezar a humanidade, sem justo motivo, em nome do lar, é implantar o egoísmo onde devemos estender a caridade.

Ao final dessas reflexões, deduzimos que a inclusão, por Kardec, do tema família no capítulo da "Lei [Moral] de Sociedade" obedeceu a uma inspiração superior, pois tudo o que acontece na sociedade é reflexo do que se passa na família, mais um motivo para que lhe dispensemos toda nossa atenção e zelo, pois é nela que se assenta a base da edificação de uma sociedade espiritualizada e feliz.

Capítulo 15
Lei do progresso

O mundo assiste, perplexo, à onda de insurreições político-sociais em alguns países do Oriente Médio, denominada pela Mídia de "Primavera Árabe", sem que haja, aparentemente, uma liderança coordenando todos esses movimentos que clamam por mudanças. E o que dizer, também, das catástrofes naturais que abalam o mundo, ceifando a vida de milhares de pessoas? Da violência que grassa sem freios, como tem acontecido em várias partes do globo, entre tantos outros acontecimentos que aturdem as pessoas e provocam inúmeras comoções?

Meditando sobre esses e outros fatos, verificamos a atualidade e a permanência dos ensinos dos Espíritos superiores, vertidos nas obras básicas codificadas por Kardec. Eles informam que o aperfeiçoamento da humanidade segue gradual e lentamente, mas, vez por outra, quando um povo não progride tão depressa quanto deveria, "Deus o sujeita, de tempos em tempos, a um abalo físico ou moral que o transforma".[105]

---

[105] KARDEC, Allan. *O livro dos espíritos*. Q. 783, 2013.

Aos Espíritos, é reservado um destino grandioso e sublime, cujo cumprimento está sujeito a determinadas leis, entre elas a do progresso:

> O homem não pode manter-se perpetuamente na ignorância, porque deve atingir o objetivo que a Providência lhe assinalou; ele se esclarece pela força das coisas. As revoluções morais, como as revoluções sociais, se infiltram nas ideias pouco a pouco; dormitam durante séculos e depois irrompem subitamente, fazendo desabar o carcomido edifício do passado, que deixou de se harmonizar com as necessidades novas e com as novas aspirações.
> O homem geralmente não percebe, nessas comoções, senão a desordem e a confusão momentâneas que o ferem nos seus interesses materiais. Aquele que eleva o pensamento acima da sua própria personalidade, admira os desígnios da Providência, que do mal faz sair o bem. É a tempestade, é o furacão que saneia a atmosfera, depois de tê-la agitado com violência.[106]

De fato, a perfectibilidade é um atributo do espírito, o qual traz em si o gérmen do aperfeiçoamento contínuo e inderrogável, sem possibilidade de retroceder: fomos feitos para a completude, para a perfeição: "O progresso é uma das leis da natureza. Todos os seres da Criação, animados e inanimados, estão submetidos a ele pela bondade de Deus, que deseja que tudo se engrandeça e prospere. [...].[107]

Sem que se afronte o seu livre-arbítrio, o Espírito está fadado à felicidade, inerente à sua condição de criatura divina, não à felicidade do bruto e das crianças ou dos animais, mas à felicidade verdadeira que encontra prazer em viver e servir.

Analisando as conquistas da ciência que proporcionam ao homem conforto e realizações nunca imaginados, chega-se a acreditar que a humanidade atingiu o apogeu de sua evolução. Entretanto, não é assim. Há duas formas de evolução: a evolução moral e a evolução intelectual, que só se equilibram com o passar do tempo. Quanto à primeira, avançamos alguns passos e quanto à segunda nos adiantamos razoavelmente, porque esta se realiza sempre. Mas ainda há um longo caminho a percorrer.

---

[106] KARDEC, Allan. *O livro dos espíritos*. Q. 783, 2013.
[107] Id. *O evangelho segundo o espiritismo*. Cap. III, 2013.

O progresso não é resultado de um ensinamento. O homem progride por si mesmo, colocando em movimento as forças da vontade e do trabalho. O progresso é intransferível. Ninguém evolui pelo outro, embora todos recebamos, diuturnamente, estímulos externos e internos do meio social que nos impulsionam em nossa marcha:

> Que temerária concepção a de um paraíso fácil!
> [...] a coroa da sabedoria e do amor é conquistada por evolução, por esforço, por associação da criatura aos propósitos do Criador. A marcha da Civilização é lenta e dolorosa. Formidandos atritos se fazem indispensáveis para que o espírito consiga desenvolver a luz que lhe é própria. [...][108]

Ninguém progride ao mesmo tempo e da mesma maneira. A diversidade de caracteres dos indivíduos que se encontram em diferentes graus evolutivos constitui um elemento favorável à ascensão recíproca, visto que, pelo contato social, acontecem as permutas de conhecimentos e experiências, em que os mais adiantados auxiliam os que estão na retaguarda.

Geralmente, o progresso intelectual acontece primeiro, seguido do progresso moral, que não ocorre imediatamente. Não é raro que povos mais instruídos frequentemente incidam em perversões abomináveis que conspiram contra a paz e a harmonia. É quando utilizam o conhecimento sem o freio da ética, pela falta de senso moral. A moralidade e a inteligência, duas asas da evolução, são forças que se apoiam mutuamente, mas que nem sempre andam juntas.

Por meio do progresso intelectual, o homem aprende a discernir o bem do mal, aprende a escolher. O desenvolvimento da inteligência amplia o livre-arbítrio e aumenta a responsabilidade por seus atos, abrindo ensanchas para o advento do progresso moral: "A dor é o aguilhão que o impele para a frente, na senda do progresso".[109]

O progresso não acontece de uma só vez, mas aos poucos. Essa é uma de suas características principais: a natureza não dá saltos, isto é, "o homem não passa subitamente da infância à maturidade".[110] É preciso que

---

[108] XAVIER, Francisco Cândido. *Libertação*. Cap. 6, 2013.
[109] KARDEC, Allan. *A gênese*. Cap. III, 2013.
[110] Id. *O livro dos espíritos*. Q. 790, 2013.

tudo venha a seu tempo, para que o homem se adapte às mudanças, a fim de que se desvincule dos hábitos ultrapassados sem choques de vulto ou sobressaltos e sem que fique humilhado diante da sua vasta ignorância. Portanto, a evolução obedece a um princípio de gradação em tudo, à exceção daqueles períodos, menos frequentes, em que as transformações se aceleram providencialmente, como ressalvado no início.

A reencarnação é um dos meios para a consecução da lei de progresso. É impossível, numa ou em algumas existências físicas, atingir a perfeição dos Espíritos puros. É indispensável que todos escalemos os graus intermédios. Não há privilégio nas Leis divinas. Esforçando-se por melhorar na vida presente, o homem atenua suas provas nas encarnações seguintes, tornando-se, assim, o artífice do próprio futuro.

Os mais sérios obstáculos ao progresso moral são o orgulho e o egoísmo. São eles os maiores responsáveis pelo nosso sofrimento e pelas nossas dores. O progresso intelectual, sem o contrapeso do progresso moral, estimula a ambição e o apego às riquezas. É quando o homem não possui, mas se deixa possuir pelos bens materiais.

Contudo, ninguém está deserdado. Todos terão, no concerto divino, a sua oportunidade de transformação para o bem. Ninguém consegue deter a marcha do progresso, embora ela possa ser entravada, por algum tempo: "[...] Somos, todos, atores do drama sublime da evolução universal, através do amor e da dor...".[111]

Finalmente, porém, a paz e a felicidade reinarão na Terra, quando a Lei de Deus constituir em toda parte a base das leis humanas.

A humanidade progride por meio dos indivíduos que se melhoram pouco a pouco. Para isso, Deus permite que Espíritos de gênio e autoridade reencarnem periodicamente para impulsionar os povos ao progresso. É pelo desenvolvimento moral que se reconhece uma civilização completa. Os povos, cuja grandeza se baseia apenas na força física e na extensão territorial, um dia fenecerão, pois a vida da alma prevalece sempre: "[...] Aqueles cujas leis se harmonizam com as leis eternas do Criador, viverão e servirão de farol aos outros povos".[112]

Nesse labor, o Espiritismo é chamado a exercer papel fundamental, pois combate outra chaga terrível da sociedade, que é o materialismo,

---

[111] XAVIER, Francisco Cândido. *Libertação*. Cap. 13, 2013.
[112] KARDEC, Allan. *O livro dos espíritos*. Q. 788, 2013.

mostrando aos homens onde estão seus reais interesses. É assim que se tornará crença comum, ainda que eventualmente mude de nome, pois, estando de acordo com a lei natural, tomará, gradualmente, lugar entre os conhecimentos humanos. Até que chegue esse dia, porém, deverá sustentar grandes lutas, mais contra os interesses do que contra as convicções.

Todos podemos contribuir com a nossa parte para que esse tempo chegue o mais rápido possível: "[...] A responsabilidade pelo aperfeiçoamento do mundo compete-nos a todos".[113] Na certeza da imortalidade e da vida futura, a humanidade triunfará, sem que seja necessário que os Espíritos do Bem violentem a consciência dos incrédulos. Deus não conduz o homem por meio de prodígios, mas deixa que tenha o mérito da própria conquista, que se dará, mais cedo ou mais tarde, pelo convencimento da razão.

---

[113] XAVIER, Francisco Cândido. *Libertação*. Cap. 3, 2013.

Capítulo 16
Lei de igualdade

Do ponto de vista jurídico-político, a igualdade é o "princípio segundo o qual todos os homens são submetidos à lei e gozam dos mesmos direitos e obrigações".[114] É norma constitucional básica, que tem por escopo extinguir privilégios.[115]

Após o fim das atrocidades da Segunda Guerra Mundial, em 1945, algumas lideranças do planeta sentiram necessidade de se instituir uma nova ordem internacional de proteção aos direitos humanos fundamentais e que tem sido compartilhada por vários povos. Daí surgiu a criação da ONU — Organização das Nações Unidas —, que lançou, em 10 de dezembro de 1948, a Declaração Universal dos Direitos Humanos, cujo primeiro considerando coloca a *igualdade* como fundamento da liberdade, da justiça e da paz no mundo.

---

[114] HOUAISS, Antônio; VILLAR, M. de S.; FRANCO, F. M. de M. *Dicionário Houaiss da língua portuguesa*. Verbete "igualdade", 2009.

[115] Nota do autor: A Constituição Federal brasileira adota esse princípio, que se encontra insculpido no art. 5º e incisos.

Esse ideal igualitário já vinha florescendo em séculos anteriores e ganhou impulso com a Revolução Francesa, que teve na queda da Bastilha (símbolo do absolutismo), ocorrida em 14 de julho de 1789, um marco importante dessas mudanças.

Nessa ocasião, anunciou-se o fim da servidão, dos feudos e proclamaram-se os princípios universais de *Liberdade, Igualdade e Fraternidade*, lema atribuído a Rousseau (1712–1778), iluminista que influenciou o emérito pedagogo Johann Heinrich Pestalozzi (1746–1827), diretor do famoso instituto de ensino de Yverdon, Suíça.

Cerca de quinze anos depois, nascia na França, em Lion, Hippolyte Léon Denizard Rivail (1804–1869), que estudou na mesma escola dirigida por Pestalozzi, e que mais tarde se tornou o codificador do Espiritismo, sob o pseudônimo de Allan Kardec.

Influenciado pela Espiritualidade superior e tocado pelos ideais iluministas,[116] Kardec lançou, em 18 de abril de 1857, em Paris, então centro da cultura mundial, a primeira obra básica do Espiritismo, destinada a abalar os alicerces do mundo contemporâneo: *O livro dos espíritos*. Nesse livro revolucionário, os guias espirituais, respondendo a uma pergunta milenar, informaram, categoricamente: "Sim [os homens são iguais perante Deus], todos tendem para o mesmo fim e Deus fez suas leis para todos. [...]".[117]

Existe mesmo igualdade absoluta entre as pessoas? Se existe essa igualdade, então por que parecemos tão diferentes uns dos outros? E por que uns nascem sãos, outros enfermos, uns ricos, outros pobres?

A igualdade é lei moral de suprema importância para o desenvolvimento humano. Por ela se pode avaliar a Justiça e a Bondade do Criador, que a nenhum homem ou mulher concedeu superioridade natural, seja pelo nascimento, seja pela morte. Na trajetória rumo à perfeição, todos partimos do mesmo ponto, isto é, todos somos criados simples e ignorantes.

Apesar dessa igualdade natural pela criação e pelo nascimento, somos criaturas únicas, pois a infinita capacidade de sentir, de combinar pensamentos e de agir nos dá liberdade para escolher caminhos diferentes, moldando-nos características psicológicas singulares. Nisso está

---

[116] KARDEC, Allan. *Obras póstumas*. Parte 1, Liberdade, igualdade e fraternidade, 2010.
[117] Id. *O livro dos espíritos*. Q. 803, 2013.

a sabedoria do Criador, que nos garante a igualdade natural, submetendo-nos a idênticas regras evolutivas, sem que nos tornemos meras cópias uns dos outros.

Todos nascem igualmente fracos, acham-se sujeitos às mesmas dores, tanto que o corpo do rico se destrói como o do pobre. Não existem privilégios nem distinções na criação divina! Todos recebem, em gérmen, o mesmo poder, a mesma sabedoria e os mesmos estímulos evolutivos, bem assim as mesmas oportunidades, no longo percurso que demanda a árdua ascensão dos Espíritos.

As diferenças que existem entre as criaturas humanas repousam em diversos fatores. Uma delas está na idade do Espírito. Criando Deus, incessantemente, é natural que existam Espíritos mais antigos, que reencarnaram mais vezes e, portanto, são mais experientes que outros.

O bom ou mau uso que os homens fazem do seu livre-arbítrio também são determinantes de sua condição futura. Aqueles que se esforçam em seguir as Leis divinas, utilizando os recursos da vontade e do trabalho, mais rapidamente sobem na escala do progresso. Quem mais busca superar a si próprio, perseverando no combate das imperfeições, atinge mais cedo o destino de felicidade que o Pai reservou a todos.

As várias aptidões humanas são necessárias a fim de que cada um possa concorrer com a sua parte na execução dos desígnios divinos, de acordo com o limite do desenvolvimento alcançado e com as forças físicas e intelectuais de cada ser. O que um não faz, o outro pode fazer. Dessa união, dessa diversidade resulta um equilíbrio de forças natural que impulsiona o progresso, fazendo com que cada qual desempenhe papel útil na vida de relação.

Não se confunda, porém, a igualdade, no seu sentido natural, com a almejada igualdade socioeconômica. As desigualdades sociais são produto das opções voluntárias dos homens e nunca resultam das preferências de Deus. Muitas das mazelas humanas refletem a lei de causa e efeito, que ensina o homem a se responsabilizar por seus atos.

A igualdade absoluta de riquezas é uma utopia. Ela não se realiza devido à diversidade das faculdades e dos caracteres dos homens, que permite que esses vivam em sociedade e aprendam a respeitar as suas diferenças. A melhor forma de vencer a miséria é combater o egoísmo:

A concepção igualitária absoluta é um erro grave dos sociólogos, em qualquer departamento da vida. A tirania política poderá tentar uma imposição nesse sentido, mas não passará das espetaculosas uniformizações simbólicas para efeitos exteriores, porquanto o verdadeiro valor de um homem está no seu íntimo, onde cada espírito tem sua posição definida pelo próprio esforço.[118]

Perante as leis de Deus, não se justifica que o homem tenha privilégios ou superioridade em relação à mulher, como ainda acontece na atualidade. Deus outorgou a ambos a inteligência e a faculdade de progredir, motivo por que possuem os mesmos direitos e deveres.

Os Espíritos não possuem sexo, como o entendemos, pois esse depende da organização física, tanto que podem encarnar ora como homem, ora como mulher, mais uma circunstância que os coloca no mesmo patamar.[119]

A desigualdade que existe entre homem e mulher é de funções e não de direitos. A própria legislação brasileira reconhece essa distinção de funções, quando, por exemplo, leva em conta a organização física dos trabalhadores de sexos diferentes, estabelecendo o limite de peso que a mulher deve suportar, em relação ao homem,[120] bem como quando estabelece idades distintas para aposentadoria, em razão do sexo.[121]

A maternidade é uma missão sublime concedida à mulher, a qual tem grande poder no papel de educadora, pois, devido ao contato prolongado com a infância de seus filhos, é ela quem lhes dá as primeiras noções de vida.

A existência de leis injustas e até cruéis, para regular as relações da sociedade, constitui o reflexo das imperfeições morais dos homens, fazendo com que surjam desigualdades sociais acentuadas.

Entretanto, o progresso segue o seu curso inexorável e, pouco a pouco, essas injustiças vão desaparecendo, como foi o caso da escravidão, conforme o ritmo dos esforços individuais, que se refletirão inevitavelmente na coletividade, pelo progresso moral, quando, então, restará

---

[118] XAVIER, Francisco Cândido. *O consolador.* Q. 56, 2013.
[119] KARDEC, Allan. *O livro dos espíritos.* Q. 200-202 e 822a, 2013.
[120] CLT – Consolidação das Leis do Trabalho: art. 390.
[121] CF – Constituição Federal: art. 40, III, "a".

apenas a "desigualdade do merecimento",[122] alijando, para sempre, os privilégios de casta, sangue, posição, sexo, raça, religião etc.

Esclareça-se, porém, que a igualdade não significará a uniformização entre todos os Espíritos, como se fôssemos uma sociedade de máquinas ou robôs, uma vez que, reitere-se, somos seres singulares. Os homens se orientarão pelas Leis divinas, situação que permitirá o desabrochar natural de seus pendores, de sua criatividade. Cada um ocupará os postos de menor ou maior responsabilidade, conforme as necessidades e as condições apropriadas ao momento de cada um, sem os prejuízos de determinadas convenções sociais preconceituosas.

À medida que o egoísmo e o orgulho forem sendo extirpados do coração humano, por força do progresso, em seu sentido amplo, as misérias sociais, econômicas e morais cederão lugar à fraternidade e à justiça, prevalecendo a legítima igualdade preconizada pelos guias espirituais da humanidade.

---

[122] KARDEC, Allan. *O livro dos espíritos*. Q. 806a.

Capítulo 17
A mulher na concepção espírita

Por que, historicamente, a mulher vem sendo discriminada em relação ao homem, como se fosse mera coadjuvante desse, um ser inferior, ou menos inteligente?

Algumas metáforas bíblicas, entre elas a da criação da mulher a partir da costela do homem, parecem reforçar esse preconceito absurdo. Não vai longe o tempo em que a Igreja — liderada até os presentes dias pelo clã masculino — colocou em deliberação num Concílio se a mulher tinha ou não alma, pelo fato de que Deus não lhe soprou nas narinas o fôlego da vida, como teria feito com o homem.[123]

Em suas raízes etimológicas, a palavra "homem" designa a espécie humana (mulher ou homem), mas que, talvez por falta de outro termo específico mais adequado, vem sendo utilizada também para representar

---

[123] Gênesis, 2:7.

o gênero masculino, o que leva a algumas confusões de interpretação, pois, dependendo do contexto, ora expressa uma coisa, ora outra.

O Espiritismo, em harmonia com as leis da natureza, projeta luz sobre essa tormentosa questão, esvaziando de uma vez por todas a chamada "guerra dos sexos", pois revela que o ser humano é um Espírito encarnado, que ora habita um corpo masculino, ora um corpo feminino.

Essa descoberta nos remete a uma outra interpretação mais coerente da metáfora bíblica: Deus criou o Espírito simples e ignorante que, ao encarnar, toma a forma de mulher ou de homem, conforme as circunstâncias e as necessidades, os quais, no corpo correspondente à sua sexualidade, assumem funções diferentes em complementaridade, para que se processe o desenvolvimento antropológico, que permite a evolução intelecto-moral da humanidade, sem que com isso percam a igualdade essencial de filhos de Deus.

Assim, tanto Eva quanto Adão, emblemas dos sexos, têm a mesma origem, pois representam a espécie humana, saídos, simbolicamente, um do outro: o *osso da costela* sugere a igualdade entre ambos, visto que pertence a uma parte do corpo ao lado, nem inferior nem superior, que protege o coração, símbolo da vida e do sentimento.

O movimento feminista teve seu auge e, em alguns momentos, perdeu seu foco, quando foi ao duelo, como se homem e mulher fossem cópias um do outro e que tivessem de fazer coisas exatamente iguais.

Passados esses momentos iniciais de reação quase mórbida à opressão masculina, a mulher, entrando no mercado de trabalho e conquistando direitos básicos como o de votar e de ser votada, de ascender nas carreiras profissionais, sem renunciar à vocação que o papel feminino lhe outorga, começou a descobrir que a sua força estava exatamente onde se pensava ser mais frágil:

> O papel da mulher é imenso na vida dos povos. Irmã, esposa ou mãe, é a grande consoladora e a carinhosa conselheira. Pelo filho é seu o porvir e prepara o homem futuro. Por isso, as sociedades que a deprimem, deprimem-se a si mesmas. A mulher respeitada, honrada, de entendimento esclarecido, é que faz a família forte e a sociedade grande, moral, unida![124]

---

[124] DENIS, Léon. *O problema do ser, do destino e da dor*. Cap. XIII, 2013.

Os pesquisadores da "Medicina de Gênero", ramo que nasceu em meados da década de 1990, descobriram, surpresos, que as diferenças fisiológicas entre homens e mulheres vão muito além da aparência dos órgãos reprodutores. Só para exemplificar, o cérebro dos homens é, em média, 15% maior e 10% mais pesado, mas, no cérebro das mulheres, as conexões entre os neurônios são mais numerosas.

Nos últimos vinte anos, as investigações científicas revelaram que "homens e mulheres pensam, agem e sentem de modo completamente distinto. Eles e elas enxergam, fazem a digestão, sentem cheiros, respiram e transpiram de forma diferente. O coração deles bate de um jeito e o delas de outro. O pulmão, o sistema imunológico, a audição, o paladar, a pele...",[125] diferenças que recomendam condutas específicas para cada um, tanto na prevenção como no tratamento de diversos males.

Essas diferenças físicas que influenciam o comportamento psicológico da mulher são indícios de que há um planejamento superior, a respaldar o amor feminino, considerado "uma das forças mais respeitáveis na Criação divina".[126]

Kardec, consolidando os ensinamentos de Jesus, resgatou o valor da mulher sob a luz da revelação espírita, alertando que o princípio da igualdade entre ela e ele está assentado nas leis da natureza, igualdade essa que é de essência espiritual e não de natureza externa, tendo em vista o papel social que cada um é chamado a desempenhar no processo evolutivo da humanidade:

> Os Espíritos encarnam como homens ou como mulheres, porque não têm sexo. Como devem progredir em tudo, cada sexo, como cada posição social, lhes oferece provações, deveres especiais e novas oportunidades de adquirir experiência. Aquele que fosse sempre homem só saberia o que sabem os homens.[127]

Portanto, a desigualdade que existe entre homem e mulher é de funções e não de direitos. A própria legislação brasileira reconhece essa

---

[125] PASTORE, Karina; NEIVA, Paula. *Revista Veja*. Especial: A medicina revela a mulher de verdade. 7 mar. 2007.

[126] XAVIER, Francisco Cândido. *Ação e reação*. Cap. 12, 2013.

[127] KARDEC, Allan. *O livro dos espíritos*. Comentários de Kardec à q. 202, 2013.

distinção de funções, quando, por exemplo, leva em conta a organização física dos trabalhadores de sexos diferentes, estabelecendo o limite de peso que a mulher deve suportar, em relação ao homem, bem como quando estabelece idade distinta para aposentadoria, em razão do sexo, isso sem falar no período de licença-maternidade, por motivos óbvios.

A maternidade é uma das missões sublimes concedida à mulher, a qual tem grande poder no papel de educadora, pois gera em seu próprio seio e sustenta a infância dos homens do amanhã. Todavia, muitas vezes por falta de autoconhecimento, esse poder ainda é utilizado de forma precária, ou algumas vezes empregado indevidamente.

O fato de se despontar na vida profissional, nos estudos, na ciência ou em qualquer ramo do saber, decorrência natural da liberdade e da dignidade a que também faz jus, não significa que a mulher deva descurar de seu "apostolado de guardiã do instituto da família e da sua elevada tarefa na condução das almas trazidas ao renascimento físico".[128]

É claro que a emancipação acarreta-lhe maiores responsabilidades, submetendo-a a estafantes jornadas de trabalho, em detrimento dos filhos, fazendo-se indispensável conciliar, com bom senso, suas atividades profissionais com o papel de mãe, pelo que merece o apoio não só de leis que a amparem em suas necessidades específicas, mas também do consorte, no sentido de dividirem responsabilidades comuns ao casal.

Enfim, perante as leis de Deus, não se justifica que o homem ostente privilégios ou falsa superioridade em relação à mulher, como ainda acontece na atualidade. Deus outorgou a ambos a inteligência e a faculdade de progredir: *"A emancipação da mulher acompanha o progresso da civilização;* sua escravização marcha para a barbárie".[129] (grifo no original).

Ao que parece, a discriminação da mulher repousa principalmente na visão reducionista da vida. O desconhecimento das leis espirituais, especialmente da reencarnação, favorece os abusos cometidos pelo homem, que se prevalece de sua força física e do exercício da razão sem o tempero do sentimento e do amor. Não raro, essa conduta contribui para arrojar a parceira indefesa nos vícios da corrupção moral, entre eles

---

[128] VIEIRA, Waldo. *Conduta espírita.* Cap. 1, 2013.
[129] KARDEC, Allan. *O livro dos espíritos.* Q. 822a, 2013.

a sensualidade exacerbada e a prática do sexo sem responsabilidade, que muitas vezes descamba para o nefando crime do aborto.

O escritor e poeta francês Victor Hugo (1802–1885) gravou em letras indeléveis um belo poema, que enaltece, em perfeito equilíbrio, os parceiros de evolução, no qual inicia dizendo que *o homem é a mais elevada das criaturas, enquanto a mulher é o mais sublime dos ideais,* e encerra afirmando que *ele está colocado onde termina a terra e ela onde começa o céu.*

A ciência médica, por meio de alguns setores da comunidade científica, bafejada pelos ensinos espíritas, começa a dar seus primeiros passos, no sentido de investigar também os ascendentes espirituais que ditam a marcha da mulher para a realização plena de sua missão na Terra: a de *mediadora da vida,* função maior do que aquela conferida ao homem, pois "é ela quem lhe dá as primeiras noções de vida".[130] Ampará-la nessa sublime missão é um dever e também uma missão dos Espíritos temporariamente encarnados no sexo masculino.

---

[130] KARDEC, Allan. *O livro dos espíritos.* Q. 821, 2013.

Capítulo 18
Lei de liberdade

É inegável que tanto a liberdade como a igualdade constituem apanágio dos povos civilizados. Apesar de tantas conquistas no campo dos direitos humanos, a humanidade prossegue com seus desníveis, suas contradições, suas injustiças. Por que será que isso ainda acontece? Refletindo melhor sobre tal situação, concluímos que os ideais libertário e igualitário não se realizam completamente sem o tempero da fraternidade, que é a base do edifício moral de toda a sociedade. Ao tratar desse tema, Kardec asseverou, com a lucidez de sempre, que esses três princípios (liberdade, igualdade e fraternidade) são solidários entre si e se prestam mútuo apoio:

> [...] sem a reunião deles o edifício social não estaria completo. O da fraternidade não pode ser praticado em toda a pureza, com exclusão dos dois outros, porquanto, sem a igualdade e a liberdade, não há verdadeira fraternidade. A liberdade sem a fraternidade é rédea solta a todas as más paixões, que desde então ficam sem freio; com a

fraternidade, o homem nenhum mau uso faz da sua liberdade: é a ordem; sem a fraternidade, usa da liberdade para dar curso a todas as suas torpezas: é a anarquia, a licença. Por isso é que as nações mais livres se veem obrigadas a criar restrições à liberdade. A igualdade, sem a fraternidade, conduz aos mesmos resultados, visto que a igualdade reclama a liberdade; sob o pretexto de igualdade, o pequeno rebaixa o grande, para lhe tomar o lugar, e se torna tirano por sua vez; tudo se reduz a um deslocamento de despotismo.[131]

No sentido comum, a *liberdade* é o "poder que tem o cidadão de exercer a sua vontade dentro dos limites que lhe faculta a lei".[132] Do ponto de vista filosófico-moral, o conceito de liberdade se expande, podendo ser entendido como a faculdade de pensar, falar e agir, livremente, sem desrespeitar a liberdade de outras pessoas. A maior sensação de liberdade que se pode experimentar é a consciência do dever cumprido, porque "a liberdade é um bem que reclama senso de administração, como acontece ao poder, ao dinheiro, à inteligência...".[133]

O livre-arbítrio é um gênero de liberdade concedido ao Espírito que lhe permite a autodeterminação, a escolha entre o bem e o mal. Essa liberdade, todavia, não é absoluta, porque, vivendo em sociedade, é necessário respeitar os direitos alheios. Afinal, todos precisamos uns dos outros, independentemente de classe social. Contudo, a obrigação de respeitar os direitos alheios não retira a liberdade do homem, pois esta provém da natureza.

Existe, porém, uma exceção: a liberdade de pensar e de consciência não tem limites. Pode-se impedir alguém de expressar as suas ideias, mas não há como impedi-lo de pensar livremente. Somente perante Deus o homem é responsável pelo que pensa. Cercear a sua liberdade de consciência, constrangê-lo a proceder em desacordo com o seu modo de pensar é fazê-lo hipócrita. Sem a liberdade de consciência não há civilização verdadeira nem progresso.

---

[131] KARDEC, Allan. *Obras póstumas*. Primeira Parte, "Liberdade, igualdade, fraternidade", 2010.
[132] HOUAISS, Antônio; VILLAR, Mauro de Salles; FRANCO, Francisco M. de M. *Dicionário Houaiss da língua portuguesa*. Verbete "liberdade", 2009.
[133] XAVIER, Francisco Cândido. Apud CAMPETTI SOBRINHO, Geraldo (Coord.), *O espiritismo de A a Z*. 4. Verbete "Liberdade", 2010.

Não se deve, todavia, confundir liberdade com indisciplina ou licenciosidade de costumes, pois o direito de um indivíduo termina onde começa o do outro. Por isso, "a noção de moralidade é inseparável da de liberdade" e "o progresso não é outra coisa mais do que a extensão do livre-arbítrio no indivíduo e na coletividade"[134].

Há aqueles que sustentam que todos os acontecimentos da vida estariam predeterminados. Se fosse assim, o homem seria apenas um robô sem vontade própria e sem responsabilidade, mero joguete de forças cegas e mecânicas. Seria a negação da sabedoria e da equidade das Leis divinas: "Há, sem dúvida, leis gerais a que o homem está fatalmente submetido; mas é erro crer que as menores circunstâncias da vida estejam fixadas de antemão de maneira irrevogável [...]".[135]

Antes de encarnar, o Espírito escolhe as provas de ordem material pelas quais deverá passar, o que constitui para ele uma espécie de destino ou fatalidade. O mesmo já não acontece no tocante às provas morais e às tentações, pois o Espírito, conservando o livre-arbítrio quanto ao bem e ao mal, é sempre livre para ceder ou para resistir: "A fatalidade é o freio imposto ao homem por uma vontade superior à sua, e mais sábia que ele, em tudo o que não é deixado à sua iniciativa; mas jamais é um entrave ao exercício de seu livre-arbítrio, no que concerne às suas ações pessoais. [...]"[136]

O livre-arbítrio é proporcional à evolução intelecto-moral de cada um. Quanto mais conhecemos e progredimos, mais expandimos o nosso poder de decidir, aumentando, consequentemente, a nossa responsabilidade:

> Quanto mais inteligência tem o homem para compreender um princípio, tanto menos desculpável será de não o aplicar a si mesmo. Em verdade vos digo que o homem simples, porém sincero, está mais adiantado no caminho de Deus, do que outro que pretenda parecer o que não é.[137]

---

[134] DENIS, Léon. *O problema do ser, do destino e da dor*. Cap. XXII, 2013.
[135] KARDEC, Allan. *Revista espírita*: jornal de estudos psicológicos, "Dissertações espíritas: Aquiescência à prece" (Médium: Srª D.), ano 9, mai. 1866, 2009a.
[136] Id. Ibid. "A ciência da concordância dos números e a fatalidade". Ano 11, jul. 1868. 2010.
[137] Id. *O livro dos espíritos*. Q. 828a, 2013.

Se há um determinismo, na acepção absoluta do termo, esse é o determinismo do progresso, para a felicidade de todos. Mesmo que façamos mau uso do livre-arbítrio, fatalmente, mais cedo ou mais tarde, nos arrependeremos, expiaremos e repararemos nossos erros,[138] motivo por que sempre estaremos jungidos ao resultado final estabelecido pelo Criador, que instituiu a Lei Maior de que "o bem é o fim supremo da natureza",[139] o que implica a acepção de que "determinismo e livre-arbítrio coexistem na vida, entrosando-se na estrada dos destinos, para a elevação e redenção dos homens".[140]

Existiria relação entre o livre-arbítrio e o futuro? Em caso positivo, qual seria essa relação?

Em princípio, o futuro é oculto ao homem e somente em casos raros e excepcionais Deus permite que seja revelado. Se o homem conhecesse o futuro, negligenciaria o presente e não obraria com liberdade, o que lhe traria perturbação, porque ficaria paralisado diante dos acontecimentos, acreditando que seria inútil ocupar-se com eles, ou então procuraria impedi-los de acontecer.

Apesar disso, é possível prever, de modo genérico, como será o nosso futuro, pois ele depende de como utilizamos o livre-arbítrio no presente: será venturoso ou desditoso, conforme o bom ou o mau emprego da liberdade de que dispomos, a qual se exerce dentro de restrições impostas pelas leis naturais.

Essa parcela de liberdade da qual o Espírito desfruta dentro de certos limites não interfere nos grandes eventos planejados pela Espiritualidade superior com vistas ao progresso coletivo, que estão ocultos ao homem: "o porvir, sem estar rigorosamente determinado, está previsto nas suas linhas gerais".[141]

Por tudo que vimos, a liberdade é o instrumento que Deus concede à criatura humana, para que ela exercite o intelecto e os sentimentos, para que tenha merecimento na conquista da própria perfeição, razão por que "o livre-arbítrio do homem é uma consequência da justiça de Deus".[142]

---

[138] KARDEC, Allan. *O céu e o inferno.* Parte Primeira, cap. 7, 2013b.
[139] DENIS, Léon. *Depois da morte.* Cap. II, 2013.
[140] XAVIER, Francisco Cândido. *O consolador.* Q. 132, 2013.
[141] Id. *Emmanuel.* Cap. "Doutrinando a Ciência", 2013.
[142] KARDEC, Allan. *O que é o espiritismo.* Cap. III. 2013e.

Enfim, de um ponto de vista relativo, o homem é livre para fazer o que quiser, mas estará inevitavelmente preso ao resultado de suas próprias ações:

> O Espírito só estará verdadeiramente preparado para a liberdade no dia em que as leis universais, que lhe são externas, se tornem internas e conscientes pelo próprio fato de sua evolução. No dia em que ele se penetrar da lei e fizer dela a norma de suas ações, terá atingido o ponto moral em que o homem se possui, domina e governa a si mesmo. [...]
>
> [...] Sem a disciplina moral que cada qual deve impor a si mesmo, as liberdades não passam de um logro [...].[143]

Em realidade, jamais gozamos de tanta liberdade. A questão é saber o que temos feito dela. Estaríamos utilizando-a com o tempero da fraternidade, que é uma das faces da caridade? Portanto, estejamos atentos ao uso desse patrimônio, no presente, pois isso determinará nosso futuro espiritual.

---

[143] DENIS, Léon. *O problema do ser, do destino e da dor.* Cap. XXII, 2013.

Capítulo 19
Escravidão

A escravidão ou escravismo é um costume bárbaro, cuja origem se encontra nos primórdios da humanidade. A escravidão sempre esteve associada à exploração do homem pelo homem, que não raro se ilude com as posições transitórias da vida, paralisando os voos da alma. Sem dúvida que tal prática conspira contra as Leis divinas: "Toda sujeição absoluta de um homem a outro homem é contrária à lei de Deus. A escravidão é um abuso da força e desaparecerá com o progresso, como desaparecerão pouco a pouco todos os abusos". [144]

Na escravidão, está implícita a ideia de inferioridade e desigualdade de um ser humano em relação ao outro, seja pela condição social, pela cor, pela nacionalidade ou mesmo pela capacidade intelectual ou qualquer outro motivo, até mesmo religioso e cultural, ideologia que afronta diretamente a lei moral de igualdade entre os homens.

Criado simples e ignorante, o Espírito encontra-se apto a desenvolver suas potencialidades, necessitando, para tanto, de passar por inúmeras

---
[144] KARDEC, Allan. *O livro dos espíritos*. Q. 829, 2013d.

experiências reencarnatórias. Muitos Espíritos renascem como servos, uns para auxiliar em tarefas missionárias, outros em tarefas redentoras e expiatórias, produto da lei de causa e efeito.

Felizmente, o vaticínio dos Espíritos superiores se concretizou. A escravidão legal foi extinta, não sem conflitos, dores e lágrimas:

> A Declaração dos Direitos do Homem das Nações Unidas (1948) coloca a escravidão na lista das violações fundamentais. Hoje, em todos os Estados membros soberanos, está abolida legalmente a escravidão enquanto propriedade. O antiescravagismo permanece o modelo de cruzada moral mais bem-sucedido da história da humanidade.[145]

A partir de 1869, a campanha abolicionista se intensificou no Brasil, tendo à frente grandes vultos, entre os quais se destacou o então médico e político, Dr. Bezerra de Menezes, que mais tarde se tornaria um dos baluartes do Espiritismo:

> [...] Bezerra, espírito prudente e cheio de ponderação, lembrando-se da sanguinolenta "Guerra de Secessão", publica nesse mesmo ano [1869] um estudo intitulado — "A Escravidão no Brasil e as medidas que convém tomar para extingui-la sem dano para a Nação".[146]

Todavia, não nos deixemos enganar: a extinção da escravatura não constituiu episódio fortuito, ao sabor exclusivo da vontade humana:

> O século XIX caracteriza-se por suas numerosas conquistas. [...] Um desses grandes acontecimentos é a extinção do cativeiro. Cumprindo as determinações do divino mestre, seus mensageiros do plano invisível laboram junto aos gabinetes administrativos, de modo a facilitar a vitória da liberdade.[147]

---

[145] CANTO-SPERBER, Monique (Org.). *Dicionário de ética e filosofia moral*. Verbete "Escravidão", 2007.
[146] WANTUIL, Zêus. *Grandes espíritas do Brasil*. 2002
[147] XAVIER, Francisco Cândido. *A caminho da luz*. Cap. 24, 2013.

Embora o trabalho escravo tenha sido formalmente extinto na maioria das nações, ele ainda persiste em muitas delas, apresentando-se de forma distinta da ocorrida até o século XIX: "[...] mais de 36 mil pessoas foram resgatadas dessa situação nos últimos 15 anos no Brasil. [...] Em pleno século 21, mais de 12 milhões de pessoas sofrem com o trabalho escravo. De cada quatro, três estão na Ásia."[148]

De má lembrança foi a tentativa nazista de ressuscitá-lo, durante a Segunda Guerra Mundial, quando "os eslavos e outras minorias prisioneiras [foram] reconhecidos como raças servis", ficando "à disposição do Estado para experimentos, brigadas de trabalho ou bordéis".[149]

Tais costumes originam-se do atraso moral em que ainda se encontra grande parcela da humanidade que, se conseguiu extirpá-los das legislações dos povos desenvolvidos, ainda não logrou êxito em eliminar hábitos arraigados, mascarados por convenções sociais, sob as quais muitos se consideram superiores aos seus semelhantes.

Ao nos oferecer o Evangelho como roteiro de libertação definitiva da escravidão interna, Jesus mostrou-nos a porta de saída desse anacronismo alimentado pelo mau uso da inteligência e dos instintos: "Amai-vos uns aos outros".

Ao tempo de Kardec, a escravidão, em sua forma tradicional, estava nos estertores, mas permanecia longe de acabar nos corações humanos. Refletindo a importância do tema para a época, o codificador publicou na *Revista Espírita* as meditações filosóficas ditadas pelo Espírito Lamennais ao médium Didier, recebidas na Sociedade Espírita de Paris: "Escravidão! Quando se pronuncia este nome, o coração sente frio, porque vê à sua frente o egoísmo e o orgulho. [...] Oh! Sim, esta escravidão da alma é horrível e diariamente excita a eloquência de mais de um pregador. [...]"[150]

Ao consultar os anais forenses, os juristas contemporâneos, com justa razão, chocam-se ante uma decisão proferida pela Suprema Corte dos

---

[148] REVISTA NOVA ESCOLA. *A escravidão ainda existe*. Disponível em <http://revistaescola.abril.com.br/historia/pratica-pedagogica/escravidao-ainda-existe-historia-trabalho-escravo-cana-agronegocio-546462.shtml>. Acesso em 3 nov. 2012.

[149] CANTO-SPERBER, Monique (Org.). *Dicionário de ética e filosofia moral*. Verbete "Escravidão", 2007.

[150] KARDEC, Allan. *Revista espírita*: jornal de estudos psicológicos, "Meditações filosóficas e religiosas ditadas pelo Espírito Lamennais: A escravidão (Médium: Sr. A. Didier)", ano 5, fev. 1862. 2009a.

EUA, em 1857, ano em que surgia na França *O livro dos espíritos*. O que ali viram realça a perecibilidade das leis humanas em contraste com a imutabilidade das leis divinas, eternas e perfeitas:

> [...] Sete dos nove magistrados votaram a favor da tese de que o negro não era humano e, como tal, pertencia ao seu "dono". "Mesmo que possua um coração e um cérebro e seja tido biologicamente como humano — decidiu o Tribunal — um escravo não é pessoa perante a lei". Por conseguinte, podia-se comprar, vender e matar os escravos, como se fossem coisas. Por volta do século V, a Igreja Católica discutia se a mulher tinha alma ou não.[151]

Aqueles que abusam de suas faculdades, poder ou riqueza para subjugar o próximo não passam de insensatos ou tolos que nada enxergam além da matéria. Ignoram ou esquecem-se de que muitas pessoas foram colocadas sob sua dependência para serem elevadas e não exploradas ou rebaixadas.

Nunca é demais lembrar que, além da mácula da Guerra do Paraguai, pesa sobre a coletividade brasileira, com seu cortejo de provas e expiações, a escravidão dos aborígenes e dos negros, a demonstrar que "a política do racismo [...] [é um] erro grave".[152]

O Espírito Humberto de Campos, na magnífica obra *Brasil, Coração do mundo, pátria do Evangelho,* elucida as circunstâncias em que, por concessão da Misericórdia divina, os irmãos africanos foram entronizados em nossas terras ainda inexploradas: "[...] É que o Senhor lhes assinalou o papel na formação da terra do Evangelho e foi por esse motivo que eles deram, desde o princípio de sua localização no país, os mais extraordinários exemplos de sacrifício à raça branca."[153]

Foi assim que os negros se uniram aos magotes de Espíritos reencarnantes em solo brasileiro, provenientes das plagas europeias, antigos batalhadores das Cruzadas, senhores feudais da Idade Média, padres e inquisidores, Espíritos rebeldes e revoltados, os quais deveriam

---

[151] TORCHI, Christiano. *Espiritismo passo a passo com Kardec.* Cap. 7, 2010.
[152] XAVIER, Francisco Cândido. *O consolador.* Q. 61, 2013.
[153] Id. *Brasil, coração do mundo, pátria do evangelho.* Cap. 7, 2013.

se imunizar contra os excessos do imperialismo e do orgulho injustificável, praticados em pretérito reencarnatório:

> [...] O culto à personalidade, a sobre-estima, a fatuidade, a ambição desmedida, filhos diretos do egocentrismo, são cânceres da alma que o sofrimento faz drenar até o desaparecimento total dos seus tentáculos de longo alcance, abrindo espaço para que se instalem os sentimentos da fraternidade, do auxílio recíproco, do perdão indiscriminado, decorrentes do amor que os vivifica.[154]

Por isso, há esperança para todos, visto que pairam sobre a humanidade a compaixão e a misericórdia divinas, sempre a nos oferecer ensejo de reabilitação, uma vez que o benfeito hoje neutraliza o mal perpetrado ontem.

Ainda somos prisioneiros de nós mesmos, encarcerados em nossas celas mentais, em nossos preconceitos, medos, angústias, mágoas. À medida que formos abandonando essas inferioridades, gradualmente iremos nos libertando da escravidão moral que impede a ascese do Espírito.

---

[154] FRANCO, Divaldo Pereira. *Loucura e obsessão*. Cap. 8, 2013.

Capítulo 20
Lei de justiça, amor e caridade

Convém refletir sobre um dos mais belos ensinamentos de Jesus, agora relembrados por meio do Espiritismo: o significado moral da "Lei de Justiça, Amor e Caridade".[155]

De todas as leis morais, essa é a mais importante, não só porque engloba as demais, mas também porque o progresso da humanidade depende de sua aplicação, que tem por fundamento a certeza do futuro espiritual das criaturas. Nela repousam as mais sublimes aspirações de felicidade do homem, por ser a que faculta a esse adiantar-se cada vez mais na vida espiritual.

Por si só, a existência e o funcionamento das outras leis morais constituem a maior prova da equidade com que a Providência divina contempla suas criaturas. Entretanto, quis Deus que os homens também

---
[155] KARDEC, Allan. *O livro dos espíritos*. Q. 873-892, 2013.

praticassem essas leis entre si, pela constante procura desse ideal, no relacionamento com os semelhantes e consigo mesmo.

Todo esse arcabouço de princípios morais tem como alicerce a lei natural, que é a Lei de Deus, a única verdadeira para a felicidade do homem, que lhe indica "o que deve fazer ou não fazer" e que mostra que "ele só é infeliz porque dela se afasta".[156] Instados por Kardec a dizerem onde estaria escrita a Lei de Deus, os Espíritos responderam: "Na consciência".[157]

Em vista disso, o sentimento de justiça é inato no homem, o qual se revolta com a simples ideia de uma injustiça. Esse sentimento, porém, necessita de ser aprimorado e desenvolvido pelo progresso moral, pela prática do bem e da compreensão dos problemas humanos. Muitas vezes, em meio ao sentimento de justiça natural, misturam-se as paixões que induzem as pessoas ao erro.

O advento da Justiça como instituição é produto da evolução do homem. Veio para substituir o desforço, a vingança, para que não prevaleça a vontade do mais forte pelo exercício arbitrário das próprias razões. Entretanto, com a multiplicidade dos problemas gerados pela vida moderna, que afetam continuamente as relações interpessoais, sentiu-se a necessidade de se aprimorar o modelo atual de Justiça, que já não mais atende às demandas sociais dos tempos coevos. Afinal, a deflagração do processo judicial continua se assemelhando a uma declaração de guerra, embora com armas diferentes, que se sabe como começa, mas não se sabe como e quando termina.

A justiça humana constitui pálido reflexo da Justiça divina, porque, ao contrário dessa, seus postulados são mutáveis e nem sempre estão em harmonia com as leis naturais, refletindo costumes e caracteres da sociedade de uma determinada época, em que os detentores do poder legislam em causa própria, olvidando que nem tudo que é lícito é honesto ou que nem tudo que é legal é moral.

Ultimamente, algumas ações têm sido tomadas, com vistas a superar o anacronismo da justiça humana. Há, por exemplo, iniciativas legais e paralegais que incentivam a conciliação, a arbitragem, a mediação, a justiça restaurativa, essas últimas consideradas por alguns especialistas

---

[156] KARDEC, Allan. *O livro dos espíritos*. Q. 614, 2013.
[157] Id. Ibid. Q. 621.

como a Justiça do futuro. Busca-se, com essas medidas, mitigar a presença do Estado nos litígios, auxiliando os contendores a encontrarem por si mesmos a solução dos conflitos, porque se firma cada vez mais o entendimento de que os cidadãos são, em última instância, os responsáveis pela construção do próprio destino.

A justiça, na definição herdada do Direito Romano, de cunho pragmático, é a *constante e firme vontade de dar a cada um o que é seu*. A nosso ver, a acepção dada pelos Espíritos é mais abrangente e precisa: "A justiça consiste no respeito aos direitos de cada um",[158] para que cada um receba de acordo com seu merecimento.

Jesus legou-nos a base da verdadeira Justiça, consagrada na imorredoura lição: "[...] Desejai para os outros o que quereríeis para vós mesmos [...]".[159] Ensinou-nos que Deus imprimiu no coração do homem essa regra áurea, fazendo com que cada um deseje ver respeitados os seus direitos. Afinal, em condições normais, ninguém desejaria o próprio mal. De fato, trata-se de ensinamento universal. Se fosse compreendido e observado fielmente, bastaria às constituições dos povos adotá-lo como único artigo, o que já seria suficiente para arrebatar todos os códigos humanos perecíveis.

Quando estivermos em dúvida quanto ao nosso procedimento em relação ao semelhante, procuremos saber como gostaríamos que o semelhante procedesse em relação a nós, em circunstância idêntica. A resposta que encontrarmos será a que deverá ditar nosso comportamento em qualquer contingência.

Já o Amor resume toda a doutrina de Jesus, por ser esse o sentimento mais sublime, que não se restringe apenas à família, à seita, à nação, mas abrange a humanidade inteira. Contudo, para praticá-lo, tarefa árdua e de longo curso, é preciso cultivar o Espírito como um campo, despertando a sua centelha latente em nós, cujo reinado "é uma fatalidade histórica da evolução, que vai emergindo lentamente, à medida que o Espírito se desembaraça das suas imperfeições".[160]

---

[158] KARDEC, Allan. *O livro dos espíritos*. Q. 875, 2013.
[159] Id. Ibid. Q. 876.
[160] MIRANDA, Hermínio Corrêa de. Apud CAMPETTI SOBRINHO, Geraldo. (Coord.). *O espiritismo de A a Z*. Verbete "Amor".

E como fazer para atingir o ideal do amor sem jaça? Os benfeitores espirituais ensinam que não há outro meio senão trilhar os caminhos da Caridade, que abrange três requisitos essenciais: "benevolência para com todos [inclusive auxílio material, em casos emergenciais], indulgência [isto é, compreensão] para as imperfeições dos outros [o que não significa cumplicidade com o erro] e perdão às ofensas".[161]

Desse tripé, talvez o mais difícil de praticar seja o perdão, sendo, por isso, a ação mais meritória. Quem perdoa é o primeiro beneficiado, pois, além de não se nivelar ao erro do adversário, libera as suas tensões e torna-se mais livre. Trata-se de um procedimento científico, de uma terapêutica infalível, que nos assegura saúde física, psíquica e equilíbrio moral. Mais importante que dar coisas é dar algo de si mesmo.

Tornar a pessoa dependente de nosso amparo, anos a fio, não é caridade. Pelo contrário. Foi muito feliz e verdadeiro certo pensador (anônimo para nós), ao enunciar tão grande máxima: "Dê um peixe a um homem e o estará alimentando por um dia; ensine-o a pescar e o estará alimentando por toda a vida".

O ano de 2001 foi escolhido pelas Nações Unidas como o "Ano Internacional do Voluntariado", que encontrou grande repercussão no Brasil, não só devido à sua vocação de povo solidário, como também porque se apresenta como um meio eficiente de combater a miséria e os problemas sociais que afligem nossa pátria, problemas esses que podem ser atenuados mais eficientemente com o engajamento dos cidadãos, pois "é o indivíduo em última instância que faz a diferença".[162]

O voluntariado, a par de incentivar a solidariedade, alavanca a promoção do ser humano menos afortunado, dando-lhe condições de garantir por si mesmo o próprio sustento, por meio da educação, do ensino profissionalizante e de outras atividades úteis que o auxiliem na manutenção e lhe deem condições de vida digna.

Todavia, "a fé sem obras é irmã das obras sem fé",[163] visto que as atividades de benemerência constituem apenas um meio, porquanto promoção do ser humano repousa na espiritualização e na educação desse mesmo ser, de edificação paciente e progressiva, motivo pelo qual não se

---

[161] KARDEC, Allan. *O livro dos espíritos*. Q. 886, 2013.
[162] KANITZ, Stephen. *Guia da cidadania*. 2001.
[163] XAVIER, Francisco Cândido. *Obreiros da vida eterna*. Cap. 12, 2013.

pode basear apenas na preocupação individualista dos seus empreendedores, sob o risco de degenerar em personalismo destruidor.

Resumindo:
1. A Justiça divina é a equidade absoluta. Porque não erra, também não condena nem absolve, manifestando-se pela lei de causa e efeito como a mais pura: "por mais dura e terrível, é sempre a resposta da Lei às nossas próprias obras".[164]
2. O Amor é a pedra angular do programa divino da educação dos Espíritos. O seu exercício desperta os mais nobres sentimentos, garantia da regeneração da humanidade.
3. A Caridade é a maior das virtudes, porque proporciona aos homens vivenciar o preceito fundamental que resume os demais: "Amar o próximo como a si mesmo" (MATEUS, 22:37).

Finalizando, rematamos com Kardec: "o amor e a caridade são o complemento da lei de justiça, pois amar o próximo é fazer-lhe todo o bem que nos seja possível e que desejaríamos que nos fosse feito. [...]".[165]

Os povos cujas leis se harmonizarem com as leis eternas do Criador viverão e servirão de farol para os outros povos. Quando reinar a justiça verdadeira em nossos corações, não haverá mais necessidade de tribunais na Terra, porque aí seremos juízes de nós mesmos, e então haverá justiça para todos.

---

[164] XAVIER, Francisco Cândido. *Justiça divina*. Cap. "Jornada acima", 2010.
[165] KARDEC, Allan *O livro dos espíritos*. "Comentários de Allan Kardec" à q. 886", 2013.

Capítulo 21
Perfeição moral

O início do ano tem sido a época escolhida para se fazer um balanço da existência e planejar ações com vistas a determinados objetivos, que nos propiciem maior qualidade de vida, em todos os sentidos. Nada obsta, porém, que renovemos esses propósitos diariamente, que podem se resumir na busca incessante da *perfeição moral*.

Esse tema é abordado no último capítulo das Leis Morais de *O livro dos espíritos* e desenvolvido em *O evangelho segundo o espiritismo*, no qual, sem titubeios, a Espiritualidade maior informa que "a essência da perfeição é a caridade na sua mais ampla acepção, porque implica a prática de todas as outras virtudes".[166]

A perfeição é a meta principal do Espírito. Entretanto, sem trabalho, sem estudo, sem sacrifício, sem experiência, não há avanço. O progresso moral é bem mais difícil de atingir do que o progresso intelectual, uma vez que, para alcançá-lo, precisamos cultivar virtudes que exigem de nós o desprendimento. Essa é a razão pela qual os benfeitores espirituais

---
[166] KARDEC, Allan. *O evangelho segundo o espiritismo*. Cap. XVII, 2013.

alertam que "a sublimidade da virtude consiste no sacrifício do interesse pessoal, pelo bem do próximo, sem segundas intenções".[167]

Por que será que algumas pessoas fazem o bem espontaneamente, sem tantas dificuldades, enquanto outras despendem enorme sacrifício para realizá-lo? Quais delas terão mais merecimento? Enclausurados em nossa ignorância, não é raro invejarmos a posição de alguns Espíritos de grande conhecimento, envergadura moral e desenvoltura na prática do bem, esquecidos de que eles também tiveram que passar por semelhantes dificuldades e agruras que nos desafiam no presente.

A evolução é uma vereda que obrigatoriamente todos temos que trilhar. Não há privilégios no concerto das Leis divinas. É por isso que tais Espíritos agem com tanta naturalidade, visto que o bem se incorporou em suas personalidades como um hábito. Merecem, por isso, a nossa reverência e devem ser para nós um exemplo a seguir.

Não é incomum que nos entusiasmemos no começo de uma tarefa nova ou ao abraçarmos um ideal com o qual nos afinamos. A paixão é um princípio que está na natureza, não sendo, logo, um mal em si mesmo. Aliada à vontade, a paixão é um estimulante, uma alavanca para o progresso do Espírito. Kardec qualifica-a como o exagero de uma necessidade ou de um sentimento que repousa sobre uma das condições providenciais de nossa existência. E arremata: "Toda paixão que aproxima o homem da natureza animal afasta-o da natureza espiritual. Todo sentimento que eleva o homem acima da natureza animal denota predominância do Espírito sobre a matéria e o aproxima da perfeição".[168]

É, portanto, como em tudo na vida, o abuso dela que origina o mal, pois aí há o risco de perdermos o controle, por efeito dos excessos.

Em compensação, nunca falta ao homem a assistência dos bons Espíritos, que pode ser obtida por meio da prece sincera. Se em grande parte das vezes não conseguimos superar nossas inferioridades, é porque não há uma real vontade de vencê-las, uma vez que nelas nos comprazemos.

O maior inimigo do progresso moral, além do orgulho, é o egoísmo. Os Espíritos superiores não cansam de nos advertir de que esse é o mais radical dos vícios, dele derivando todo o mal. Chegam mesmo a dizer que essa é a verdadeira chaga da sociedade. Urge, pois, centralizarmos

---

[167] KARDEC, Allan. *O livro dos espíritos*. Q. 893, 2013.
[168] Id. Ibid. Comentários de Allan Kardec à q. 908.

nossos esforços para erradicá-lo do meio social, como se faz com as doenças infecciosas que contaminam o organismo: "Quem quiser aproximar-se da perfeição moral, já nesta vida, deve extirpar do seu coração todo sentimento de egoísmo, pois o egoísmo é incompatível com a justiça, o amor e a caridade; ele neutraliza todas as outras qualidades".[169]

Embora o egoísmo seja o nosso mal maior, ele se prende à inferioridade dos Espíritos encarnados na Terra e não à humanidade em si mesma. À medida que formos nos depurando nas encarnações sucessivas, vamos deixando-o para trás, como já se observa pelo comportamento de inúmeras pessoas que se dedicam ao bem do próximo. Todavia, não procede com egoísmo aquele que se deseja melhorar para se aproximar de Deus, visto que esse é o objetivo que todos devem mirar, ao contrário do que calcula o que cada uma de suas boas ações possa lhe render na vida futura ou na vida terrena.

Por que, de todas as imperfeições, o egoísmo é a mais difícil de eliminar? Porque resulta da influência da matéria, da qual o ser humano ainda não se libertou, visto que sua trajetória espiritual é ainda incipiente, estacionada no interesse de "satisfazer à sua ambição, ao seu orgulho, à necessidade [...] de dominar".[170] Não é de se estranhar, pois, que a atual estruturação das leis, da organização social, da educação, contaminadas por esses vícios, constituam embaraço para a sua ascensão moral.

O meio mais eficaz de se combater o predomínio da natureza corpórea ou animal é a *abnegação*, que consiste no esforço de superação das tendências egoísticas, tendo como aliada a educação, que constitui a chave do progresso moral.

Qual será então a estratégia que devemos adotar para mudar esse estado de coisas? Criar condições para o desabrochamento da vida moral, por meio do estudo da origem, da natureza e do futuro do espírito, que nos permitirá a real compreensão da vida, proporcionando a transformação dos hábitos, dos usos e das relações sociais.

Como o egoísmo se baseia na importância da individualidade, o imenso panorama que o Espiritismo abre sobre a existência humana coloca o sentimento da personalidade sob sua justa perspectiva, reduzindo-a às suas reais proporções.

---

[169] KARDEC, Allan. *O livro dos espíritos*. Q. 913, 2013.
[170] Id. *A gênese*. Cap. III, 2013.

Reconhece-se o homem de bem pelos atos que pratica em consonância com as Leis divinas e pela sua compreensão antecipada da vida espiritual. Ou seja, mesmo ante as dificuldades e a incompreensão, não desiste do bem, porque sabe que está no caminho reto que o conduzirá à redenção espiritual. O homem de bem pratica a caridade sem restrições. É benevolente e indulgente para com todos e perdoa as ofensas: "Respeita, enfim, em seus semelhantes, todos os direitos que as leis da natureza lhes concedem, como gostaria que respeitassem os seus".[171]

Um dos orientadores da Codificação, que se identifica como Santo Agostinho, ensina que o autoconhecimento é o meio prático mais eficaz que tem o homem de se melhorar nesta vida e de resistir ao arrastamento do mal. Instado por Kardec a se manifestar sobre como promover o conhecimento de si mesmo, o amigo espiritual recomenda que ao final do dia façamos um balanço de nossa conduta, para ver se nossa consciência não nos acusa de nada:

> Fazei o que eu fazia quando vivi na Terra: ao fim do dia, interrogava a minha consciência, passava em revista o que havia feito e perguntava a mim mesmo se não faltara a algum dever, se ninguém tivera motivo para se queixar de mim. Foi assim que cheguei a me conhecer e a ver o que em mim precisava de reforma [...].[172]

De fato, o método empregado pelo guia espiritual é excelente, pois a forma interrogativa exige de nós respostas precisas, das quais não podemos nos esquivar, porque estamos dando satisfação, em segredo, à consciência, de forma espontânea e sem censuras externas. Trata-se de um autoexame que nos auxilia a devassar o mundo íntimo, com ampla liberdade, em benefício da própria melhora.

Portanto, se formos tentados a analisar os defeitos de alguém, é bom começar pelo exame de nossas mazelas. Outrossim, não age com acerto aquele que estuda os defeitos alheios pelo simples prazer de divulgá-los, porque aí estará faltando com a indulgência, que é uma das virtudes inerentes à caridade. Contudo, procede bem se o fizer em

---

[171] KARDEC, Allan. *O livro dos espíritos*. Comentário de Kardec à q. 918, 2013.
[172] Id. Ibid. Q. 919-a, 2011.

proveito pessoal, isto é, com o objetivo de não cometer os mesmos erros que visualiza em outrem.

Se queremos, efetivamente, alcançar a perfeição moral que a nossa condição humana permite, sigamos o conselho dos protetores espirituais: "[...] Tratai, pois, de possuir as qualidades opostas aos defeitos que criticais nos semelhantes; esse é o meio de vos tornardes superiores a eles [...]",[173] sem esquecer de amar os inimigos, de fazer o bem aos que nos odeiam e de orar pelos que nos perseguem.

Por fim, não olvidemos, também, que "a perfeição não é apostolado de um dia e sim dos milênios e cada mente traz consigo as marcas da própria ação de ontem e de hoje, determinando, por si mesma, o cárcere ou a libertação de amanhã".[174]

---

[173] KARDEC, Allan. *O livro dos espíritos*. Q. 903, 2013d.
[174] XAVIER, Francisco Cândido. Apud CAMPETTI SOBRINHO, Geraldo. (Coord.) *O espiritismo de A a Z*. Verbete "Perfeição", 2010.

Conclusão

Prezado leitor!

Após essa rápida passagem pelas Leis Morais, se por um lado nos sentimos mais leves e esperançosos, ao tomarmos contato com tão sublimes e consoladoras lições, por outro, percebemos o quanto aumentou o nosso compromisso com o dever coletivo de cooperar para a construção de um mundo melhor.

Mais importante é que cada um se compenetre da necessidade de transformar a si mesmo, combatendo, heroicamente, o grande entrave que, segundo os Espíritos superiores, vem impedindo, no curso dos milênios, a nossa ascensão espiritual: o egoísmo.

Por isso, nunca é demais reiterar o convite do Amigo espiritual, que abriu as primeiras páginas desta obra:

> [...] O egoísmo é, pois, o alvo para o qual todos os verdadeiros crentes devem apontar suas armas, sua força, sua coragem. Digo: coragem, porque é preciso mais coragem para vencer a si mesmo, do que para vencer os outros.

Que cada um, portanto, empregue todos os esforços a combatê-lo em si, certo de que esse monstro devorador de todas as inteligências, esse filho do orgulho é a fonte de todas as misérias terrenas. [...] [175]

De todas as imperfeições, o egoísmo é a mais difícil de eliminar, porque resulta da influência da matéria. Eis por que "a evolução requer da criatura a necessária dominação sobre o meio em que nasceu".[176]

Que Deus nos ampare nessa longa e árdua jornada e que estejamos conscientes de que esse fardo e jugo são leves, conforme prometeu o Cristo a todos aqueles que se dispusessem a renunciar a certas comodidades que a vida material oferece.

---

[175] KARDEC, Allan. *O evangelho segundo o espiritismo*. Cap. I, 2013.
[176] VIEIRA, Waldo. *Conduta espírita*. Cap. 9, 2013.

Referências

ANDRADE, Hernani G. *Você e a reencarnação*. Bauru, São Paulo, SP: CEAC.

ASSOCIAÇÃO RUMOS. Disponível em: <http://www.padrescasados.org/sobre>. Acesso em: 1º. nov. 2012.

BRASIL, Sandra. *Revista Veja*. Comportamento: Vale a pena consertar? São Paulo, SP: Editora Abril, 8 mar. 2006.

CAMPETTI SOBRINHO, Geraldo (Coordenador). *O espiritismo de A a Z*. 4. ed. Rio de Janeiro, RJ: FEB Editora, 2012.

CANTO-SPERBER, Monique (Org.). *Dicionário de ética e filosofia moral*. São Leopoldo, RS: Unisinos, 2007.

Constituição Federal Brasileira.

CLT – Consolidação das Leis do Trabalho.

DENIS, Léon. *Depois da morte*. 28. ed. 1. imp. Brasília, DF: FEB, 2013.

_____. *O problema do ser, do destino e da dor.* 32. ed. 1. imp. Brasília, DF: FEB, 2013.

Enciclopédia Mirador Internacional.

Folha Online (Reuters, Paris). Disponível em <http://www.uol.com.br/folha/reuters/ult112u18731.shl>. Acesso em 2 nov. 2012.

FRANCO, Divaldo Pereira; SCHUBERT, Suely C. *Ante os tempos novos.* Salvador, BA: LEAL, 1994.

_____. *Leis morais da vida.* Salvador, BA: LEAL, 1999.

_____. *Loucura e obsessão.* Pelo Espírito Manoel Philomeno de. Miranda. 12. ed. Brasília, DF: FEB, 2013.

GOTTMAN, John. *Inteligência emocional e a arte de educar nossos filhos.* 26. ed. Rio de Janeiro, RJ: Objetiva, 1997.

GRAY, John. *Homens são de marte, mulheres são de vênus.* 1996.

HOUAISS, Antônio; VILLAR, M. de S.; FRANCO, F. M. de M. *Dicionário Houaiss da língua portuguesa.* 2009.

KANITZ, Stephen. *Guia da cidadania.* 2001.

KARDEC, Allan. *A gênese.* Trad. Evandro Noleto Bezerra. 2. ed. Brasília, DF: FEB, 2013.

_____. *O céu e o inferno.* Trad. Manuel Quintão. 61. ed. Brasília, DF: FEB, 2013.

_____. *O evangelho segundo o espiritismo.* Tradução de Evandro Noleto Bezerra. 2. ed. Brasília, DF: FEB, 2013.

_____. *O livro dos espíritos.* Trad. de Evandro Noleto Bezerra. 4. ed. Brasília, DF: FEB, 2013.

_____. *Obras póstumas.* Trad. Guillon Ribeiro. Rio de Janeiro, RJ: FEB, 2010.

_____. *O que é o espiritismo.* Trad. Evandro Noleto Bezerra. 2. ed. Brasília, DF: FEB, 2013.

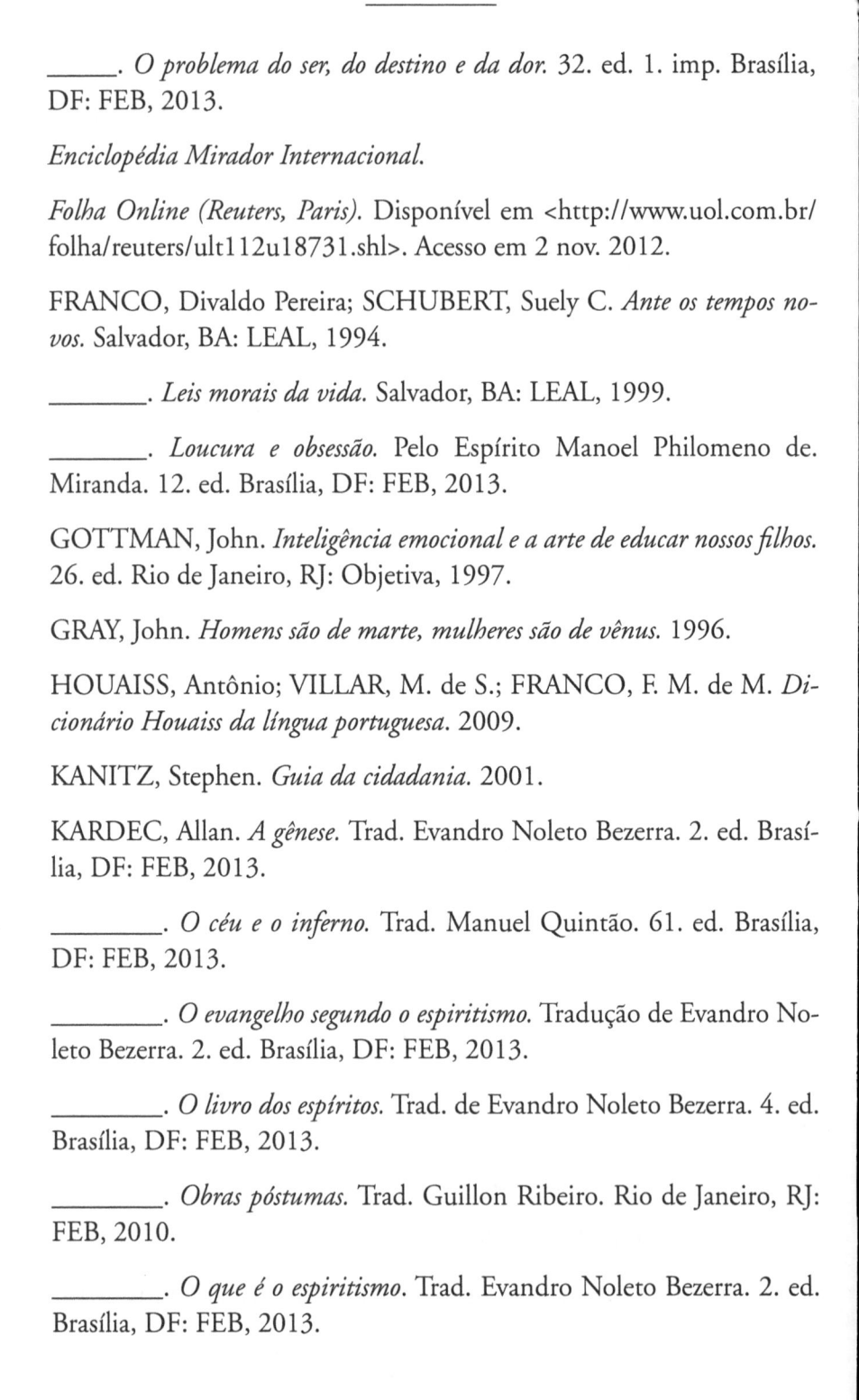

_____. *Revista espírita: jornal de estudos psicológicos,* ano 5, fev. 1862. Trad. Evandro Noleto Bezerra. 3. ed. 2. reimp. Rio de Janeiro, DF: FEB. 2009a.

_____. *Revista espírita: jornal de estudos psicológicos,* ano 9, jan. 1866. Trad. Evandro Noleto Bezerra. 2. ed. 2. reimp., Rio de Janeiro, RJ: FEB, 2009.

_____. *Revista Espírita:* jornal de estudos psicológicos, ano 11, jul. 1868. Trad. Evandro Noleto Bezerra 2. ed. 2. reimp. Rio de Janeiro, RJ: FEB, 2010.

MARTINS, V. T. de S. (bolsista); BABINSKY, M. (prof[a] doutora). *Cronologia: O tempo registrado nas rochas.* Instituto de Geociências USP. Disponível em: <http://www.igc.usp.br/index.php?id=304>. Acesso em: 1º nov. 2012.

MODESTO, Edith. *Mãe sempre sabe?* Mitos e verdades sobre pais e seus filhos homossexuais. Rio de Janeiro, RJ: Record, 2008.

NOBRE, Marlene. *O clamor da vida.* Reflexões contra o aborto intencional. São Paulo, RJ: FE Editora Jornalística, 2000.

OYAMA, Thaís; BYDLOWSKI, Lizia. *Revista Veja.* Especial: Até que o casamento os separe. São Paulo, SP: Editora Abril, 22 mar. 2000.

PASTORE, Karina; NEIVA, Paula. *Revista Veja.* Especial: A medicina revela a mulher de verdade. São Paulo, SP: Editora Abril, 7 mar. 2007.

PERALVA, Martins. *Estudando a mediunidade.* 27. ed.Brasília, DF, FEB, 2013.

REVISTA NOVA ESCOLA. *A escravidão ainda existe.* Editora Abril. Fundação Victor Civita. Disponível em <http://revistaescola.abril.com.br/historia/pratica-pedagogica/escravidao-ainda-existe-historia-trabalho-escravo-cana-agronegocio-546462.shtml>. Acesso em 3 nov. 2012.

ROCHA, Cecília (Organizadora). *Estudo sistematizado da doutrina espírita.* Programa Fundamental. Tomo 2. Brasília, DF: FEB, 2014.

SOUZA, Dalva Silva. *Os caminhos do amor.* 3. ed. Rio de Janeiro: FEB, 2007.

TORCHI, Christiano. *Espiritismo passo a passo com Kardec*. 3. ed. Rio de Janeiro, RJ: FEB, 2010.

TRIGUEIRO, André. *Espiritismo e ecologia*. 3. ed. 2. Imp. Brasília, DF: FEB, 2013.

VIEIRA, Waldo. *Conduta espírita*. Pelo Espírito André Luiz. 32. ed. Brasília: FEB, 2013.

XAVIER, Francisco Cândido. *A caminho da luz*. Pelo Espírito Emmanuel. 38. ed. Brasília, DF: FEB, 2013.

_____. *Ação e reação*. Pelo Espírito André Luiz. 30. ed. Brasília, DF: FEB, 2013.

_____. *Brasil, coração do mundo, pátria do evangelho*. Pelo Espírito Humberto de Campos. 34 ed. Brasília, DF: FEB, 2013.

_____. *Caminho, verdade e vida*. Pelo Espírito Emmanuel. 1. ed. 3. reimp. Brasília, DF: FEB, 2013.

_____. *Cinquenta anos depois*. Pelo Espírito Emmanuel. 34. ed. Brasília, DF: FEB, 2013.

_____. *Emmanuel*. Pelo Espírito Emmanuel. 28. ed. 1. imp. Brasília, DF: FEB, 2013.

_____. *Entre a Terra e o Céu*. Pelo Espírito André Luiz. 27. ed. 1. imp. Brasília, DF: FEB, 2013.

_____. *Estante da vida*. Pelo Espírito Irmão X. 10. ed. Brasília, DF: FEB, 2013.

_____. *Evolução em dois mundos*. Pelo Espírito André Luiz. ed. Brasília, DF: FEB, 2013.

_____. *Justiça divina*. Pelo Espírito Emmanuel. 14. ed. Brasília, DF: FEB, 2013.

_____. *Libertação*. Pelo Espírito André Luiz. 33ª ed. Brasília, DF: FEB, 2013.

_____. *Nosso lar*. Pelo Espírito André Luiz. 4. ed. Especial. Rio de Janeiro, RJ: FEB, 2010.

_____. *Missionários da luz*. Pelo Espírito André Luiz. 45. ed. Brasília, DF: FEB, 2013.

_____. Pensamento e vida. Pelo Espírito Emmanuel. 19. ed. Brasília, DF: FEB, 2013.

_____. *Obreiros da vida eterna*. Pelo Espírito André Luiz. 35. ed. Brasília, DF: FEB, 2013.

_____. *O consolador*. Pelo Espírito Emmanuel. 29. ed. Brasília, DF: FEB, 2013.

_____. *Roteiro*. Pelo Espírito Emmanuel.14. ed. Brasília, DF: FEB, 2012.

_____. *Vida e sexo*. Pelo Espírito Emmanuel. 30. ed. 1. imp. Brasília, DF: FEB, 2013.

WAAL, Frans de. *Revista Veja* Entrevista (páginas amarelas): A moral é animal. São Paulo, SP: Editora Abril, 22 ago. 2007.

WANTUIL, Zêus. *Grandes espíritas do Brasil*. Rio de Janeiro, RJ: FEB, 2002.

www.febeditora.com.br
/febeditora   /febeditoraoficial   /febeditora

Conselho Editorial:
Jorge Godinho Barreto Nery – Presidente
Geraldo Campetti Sobrinho – Coord. Editorial
Cirne Ferreira de Araújo
Evandro Noleto Bezerra
Maria de Lourdes Pereira de Oliveira
Marta Antunes de Oliveira de Moura
Miriam Lúcia Herrera Masotti Dusi

Produção Editorial:
Elizabete de Jesus Moreira

Revisão:
Lígia Dib Carneiro
Elizabete de Jesus Moreira

Capa e Projeto Gráfico:
Eward Siqueira Bonasser Júnior

Diagramação:
Eward Siqueira Bonasser Júnior
Rones José Silvano de Lima – instagram.com/bookebooks_designer

Foto de Capa:
istockphoto.com | lightkey

Normalização Técnica:
Biblioteca de Obras Raras e Documentos Patrimoniais do Livro

Esta edição foi impressa no sistema de Impressão pequenas tiragens, em formato fechado de 155x230 mm e com mancha de 116x190 mm. Os papéis utilizados foram Off White 80 g/m² para o miolo e o Cartão 250 g/m² para a capa. O texto principal foi composto em Adobe Garamond 12/15 e os títulos em Satellite 30/30. Impresso no Brasil. *Presita en Brazilo.*